开放的大唐·生活篇

物阜民丰

付婷 著

西安出版社
西安曲江出版传媒股份有限公司

图书在版编目（CIP）数据

开放的大唐.物阜民丰：生活篇/付婷著.—西安：西安出版社，2016.11（2019.1重印）
ISBN 978-7-5541-1910-5

Ⅰ.①开… Ⅱ.①付… Ⅲ.①中国历史—唐代②社会生活—历史—中国—唐代 Ⅳ.①K242 ②D691.9

中国版本图书馆CIP数据核字(2016)第300333号

开放的大唐系列丛书·生活篇
KAIFANG DE DATANG XILIE CONGSHU·SHENGHUOPIAN

物 阜 民 丰
Wufu Minfeng

著　　者：付　婷
出 品 人：屈炳耀
主　　编：杜文玉
策划编辑：史鹏钊
责任编辑：张增兰　范婷婷　原煜媛
责任校对：张爱林　陈　辉　张忝甜
装帧设计：朱小涛　纸尚图文设计
责任印制：宋丽娟
出　　版：西安出版社
发　　行：西安曲江出版传媒股份有限公司
　　　　　（西安曲江新区雁南五路1868号
　　　　　影视演艺大厦14层）
印　　刷：河北远涛彩色印刷有限公司
开　　本：880mm×1230mm　1/32
印　　张：10.25
字　　数：139千
版　　次：2017年4月第1版
印　　次：2019年1月第3次印刷
书　　号：ISBN 978-7-5541-1910-5
定　　价：32.00元

读者购书、书店添货或发现印装质量问题，请与本公司营销部联系、调换。
电话：(029) 85234426

《开放的大唐》系列丛书·编委会

主　任　吴　键

副主任　方光华　李　元

编　委　姚立军　马　锐　李　浩　屈炳耀

主　编　杜文玉

编写组　拜根兴　薛平拴　贾志刚　潘明娟
　　　　王兰兰　付　婷　张　琛

序一

开放与融合：唐代文化的会通精神

现在读者朋友看到的这套《开放的大唐》丛书是西安市委、市政府为塑造西安城市品牌，传播西安声音，讲述西安故事所制作的《大西安印象》系列丛书中的第一套。编委会的同志希望我能为这套书写些文字，作为序言。盛情难却，撰写此文，供读者朋友们阅读这套丛书时参考。

我是做中国思想文化史研究的，这也是习近平同志提的中国优秀传统文化的重要方面。正如习近平同志所说："中华文明源远流长，蕴育了中华民族的宝贵精神品格，培育了中国人民的崇高价值追求。自强不息、厚德载物的思想，支撑着中华民族生生不息、薪火相传，今天依然是我们推进改革开放和社会主义现代化建设的强大精神力量。"西安是十三朝古都，有周秦汉唐的底蕴，在文化上可以说是积淀深厚，西安市委书记王永康同志也提出了这一点，要坚定文化自信，挖掘利用好西安的历史文化资源，担负起西安对中国文化的历史责任。

《开放的大唐》丛书对有唐一代近三百年的政治、经济、文化、生活、外交和都邑等六个方面做了介绍和解析，反映了唐代物质文化、精神文化、政治文化与制度文化的繁荣和逐渐趋于完备的过程，具有重要的学术价值和实践意义。

一、唐朝在国家制度上的创新

唐代国家政治制度的建设，体现出与前些朝代会通的特点。据陈寅恪先生研究，隋唐政治制度有三个来源：一是北魏北齐孝文帝改革后的制度；二是以梁、陈为代表的南朝后半期的政治文化；三是西魏、北周时期的个别制度。自东汉统一的中央集权解体后的三四百年间，虽有西晋短期统一，但西晋并没有政治制度上的建树。南北朝时期，南北政权在研究国家怎样才能统一的主题面前，各有对于政治制度的新见解。隋代立国，政府机构的设置多沿袭北魏，赋税体制则多采自南朝，而唐朝则是上面各方面的会通与新创造。

唐代在国家官员的选拔上，发展了隋代的科举取士制度，使寒门人才有机会进入政府部门，打破了贵族的政治垄断，使国家政治机构获得一定的活力。在经济上，唐代保护自耕农，同时提倡商业，发展对外经济、文化交流。在唐代，民族问题的处理也尽量依据平等原则，唐太宗说："自古皆贵中华、贱夷狄，朕独爱之如一。"太宗命孔颖达等人编《五经正义》，又提倡道教、佛教，允许宗教信仰在不影响国家利益的前提下发展，因而景教（唐代传入中国的基督教）、祆教、伊斯兰教和摩尼教（波斯人摩尼在公元3世纪创立的宗教）在唐代都有所传播。

在唐代，史学著作别具一格。唐代官修前朝史书有《梁书》《陈书》《北齐书》《周书》《隋书》《晋书》六种，加上李延寿私修的《南史》《北史》，共八种，占"二十四史"的三分之一。编修史书部数之多、质量之高为其他朝代所不及。杜佑还创造了一种新的史书体裁——政书体。唐中宗时由刘知几编撰的《史通》，是我国古代史学的一部划时代的文献，由此奠定了我国史学批评的基础。

唐代文学绚丽多彩。唐代建立后，大臣魏征、令狐德棻等，都要求改革六朝文风。"初唐四杰"和陈子昂为唐代文学的繁荣揭开了帷幕。盛唐时期，王维、孟浩然、高适、岑参、李白、杜甫，群星灿烂，异彩纷呈。中唐后元稹、白居易、韩愈、柳宗元又把文学传统推向一个新的高峰，形成了唐代文学又一个百花争妍的局面。

总之，唐代的盛世由贞观年间（627—650年）开始，经高宗、武后、中宗、睿宗的过渡，到玄宗开元年间（713—742年）达到顶峰。天宝年间（742—756年），各种社会矛盾开始激化，到安史之乱爆发，唐朝的盛世宣告结束，经历了一百余年。

二、唐代思想文化的历史影响

唐代是中国传统社会的鼎盛时期，也是中国古代思想文化一个新的高峰期。

在唐代，儒、释、道思想融合进一步加深，为以后理学的诞生奠定了思想学术基础。唐代的佛教，已经完成了中国化的历程，异域传入中国的佛教与本土文化渗透融合，形成了不同的宗派，有代表性的包括三论宗、天台宗、唯识宗、华严宗、禅宗等，特别是中国化的禅宗获得了长足的发展。民族交融、人口迁徙和文化流变促进着文明的全面进步，提升着民族的文化创造力。从魏晋南北朝到隋代，有不少人主张在思想上融合儒教、佛教与道教，人称"三教合一"。"教"指教化，所谓"三教合一"，并非三种宗教合一，而是指三种教化的融合渗透。从南北朝时期，就有一些儒者以宽容的态度对待佛教思想，如颜之推，他称儒学为"外教"而佛学为"内教"，把儒家学说中的仁、义、礼、智、信"五常"，同佛教戒律的不杀生、不偷盗、不邪淫、不妄语、不饮酒"五戒"——对应，以儒诠佛，以佛注儒，认为儒学思想和佛学思想在内涵上具有一致性，"内外两教，本为一体"。仁对应不杀生，义对应不偷盗，礼对应不邪淫，信对应不妄语，智对应不饮酒。这开启了隋唐儒释渗透的先声。

道教在唐代具有特殊地位。由于唐朝皇室自认为是老子的后代，因而把道教列于其他宗教之上。唐高祖时，明确规定道教在三教中享有最高政治地位。唐玄宗继续提高道教的地位，神化老子，一再给老子加封，并下令各地遍建玄元皇帝庙，大量制作玄元皇帝神像，不断编造玄元皇帝降灵的神话。唐玄宗还亲自为《道德经》作注疏，将《御疏老子》及《义疏》颁示天下，并组织力量整理编辑道教典籍，在社会生活中倡导道教斋醮、推行道教乐曲等。道教由此而成为唐代政治上最显赫的宗教。唐朝统治者对道教的推崇，为道教的发展和传播提供了便利和资源。唐朝道教的学说主要见之于成玄英、王玄览、司马承祯、李筌等人的著作。

唐代的主流思想是儒学。唐初，为了适应大一统国家的政治需要，在唐太宗李世民的主持下，对汉魏以来的儒家经典进行了系统整理,形成了《五经正义》,经学进入了统一时代。《五经正义》给当时学术界提供了一个统一而规范的官方经典文献,结束了由于政治分裂而形成的南北经学分歧,成为后世科举考试中明经科的主要版本和解释依据。

在儒经文献统一的基础上,到了中唐,韩愈、李翱对儒家思想统系进行整理,吸收融汇佛学、道家的思辨方式,提出了儒家"道统"说,并对思孟学派一脉的仁政学说和心性学说进行了新的发掘,为宋代理学的诞生奠定了基础。柳宗元、刘禹锡则更多地融汇古代的思想资源,以儒学为主,继承发挥了从屈原、王充到玄、佛等各种理论,使哲学、文学、社会紧密结合,丰富和深化了儒学之道。

唐代儒学发展到中叶,就不再限于仅仅对经典的整理和文献的阐释,而是试图对儒学思想做出深度发挥。加之佛教的广泛传播,佛学的思想方法和统系观念也对儒学提出了挑战。在思想方法上,佛学以佛性论来替代儒家的修养学说;在统系观念上,佛学以祖统论来树立其正统地位。

所谓佛性，本来是指本体或本质，佛经中所说的"真如""实相""法性"等，都是佛性的不同表述。佛教在中国的传播过程中，吸取儒学中的心性概念，把外部世界的佛性和精神修养的心性结合起来，把"人皆可以为尧舜"的儒家性善观转化为"人人皆可成佛"的佛性论，甚至主张一阐提人（即断绝善根之人）都能成佛，使儒家的心性说反而成为佛性的铺垫。另外，佛学中的唯心思辨方法也对儒家的经验理性形成了冲击。所谓祖统，是指佛教中的传承关系。尤其是禅宗，构建了从达摩到慧能的中国禅宗六祖统系，后由神会编造出一个达摩之前的西国八代说，到中唐僧人智炬写的《宝林传》，则以慧能的传法基地韶州曹溪宝林寺为名，构建了一个由迦叶、阿难到达摩的二十八代说。这种祖统说在唐代已经颇有影响，对增强佛教的权威性具有重大作用。在佛性论和祖统论的挑战下，儒学（如韩愈和李翱等）开始吸取新的思辨方法，对"道""理""性""情"等重要概念进行探析，提出了儒家"道统说"，开了后代理学的先声。

韩愈认为，儒家思想的发展演变有一个具体的传授谱系，即"尧以是传之舜，舜以是传之禹，禹以是传之汤，汤以是传之文、武、周公，文、武、周公传之孔子，孔子传之孟轲。轲之死，不得其传焉"。这个体系集中表达了儒学的正统意识，在观念上把政治与学术融为一体。这个谱系中的"尧、舜、禹、汤、文、武、周公"，从孔子开始到后代儒者都非常推崇，但是韩愈以前的儒者都是把这些先圣明君作为治国的典范，而没有将其列入思想的宗师。韩愈则首次把君主与孔孟在学术传承上衔接起来，完成了政治家与思想家的统一。

韩愈在思想文化上的另一贡献，是倡导古文运动，并以此奠定了他在文学史上的地位。在一定意义上，韩愈在文学领域比在思想领域更出名。古文是指先秦至两汉的散文，文体自由，以散行单句为主，行文灵活，表达随意。魏晋以降，在汉代赋体基础上形成了骈文，讲究对偶、声律、典故和辞藻，华而不实。所谓古文运动，就是变革汉魏六朝以来的骈体文，以恢复先秦散文为号召，进行文体改革。

韩愈提倡古文的思想内涵是"文以载道",即以古文来振兴儒学,弘扬道统。

以上我对唐代做了一些介绍,由此,读者朋友们会更好地理解为什么要编辑出版《开放的大唐》丛书。从历史中吸取经验、教训,有助于我们今天实现民族伟大复兴的理想。历史不能隔断,了解历史的目的是更好地理解我们的今天和明天。

张岂之

(西北大学名誉校长,中国思想文化史专家)

2017年3月28日

序二

大唐盛世的辉煌历史

众所周知,唐代是我国古代历史上最为辉煌的一个历史时期,同时也是一个大转型的历史时期。被日本学者誉为"世界帝国"的隋唐王朝,在政治、经济、文化、军事等方面均创造出了辉煌的成就,无论是对外文化交流方面,还是制度文明方面,均走在了当时世界的前列。对于这一历史时期的研究,中外学术界十分重视,从不同的角度进行了深入的研究与探讨,取得了丰硕的成果,但是这些成果多为学术论著,不适合广大读者阅读,也就是说受众面比较狭窄,不能有效地发挥以史为鉴、以史资政的作用。

1300多年前,唐玄宗即位后,改年号为"开元",从此奏响了史称"开元盛世"这一大唐最强音的序曲。他先后任用姚崇、宋璟、张嘉贞、张九龄、韩休等人为相,对政治、经济、军事和文化等进行一系列改革,使唐王朝走上了盛世之路,这一系列的创举,也对如今实现中华民族伟大复兴的中国梦具有重要意义。

2014年10月13日,中共中央政治局第十八次集体学习时,习近平主席强调,要牢记历史经验、历史教训、历史警示,为推进国家治理能力现代化提供有益借鉴。对绵延5000多年的中华文明,我们应该多一份尊重,多一份思考。

为了弥补专业学术论著的不足,为广大读者提供一套反映大唐历史文化以及时代风貌的图书,西安曲江新区党工委书记李元同志组织专家学者编撰了这套《开放的大唐》系列丛书,用通俗易懂的叙事语言,生动形象地讲述了有关大唐时代最美中国的精彩故事。这套丛书共计6册,平均每册10万字左右,各配有精美图片百余幅,努力做到图文并茂,这是此书的第一个特点。为了适应广大读者的阅读习惯，整套丛书努力做到文字简洁，流畅自然，可读性强，这是此书的第二个特点。丛书的编撰者大都是来自在陕高校和文博部门的专家学者，根据其学术专长，分别负责一册书的撰写，因此，内容丰富、知识科学、深入浅出，是此书的第三个特点。

这套丛书围绕"开放的大唐"这一主题，从政治、经济、外交、文化、生活、名城六个角度，分册讲述大唐文化，每册书的基本内容与特点如下：

《海晏河清——政治篇》，分为4章23节，对唐朝的主要制度与政治、军事活动进行了简明扼要的介绍。具体内容：政治制度，包括职官、地方行政、羁縻府州、科举、铨选、司法、考课、监察等制度；政治风云，包括贞观之治、武周革命、开元盛世、安史之乱、宪宗中兴、宦官专权、牛李党争、藩镇割据、黄巢起义等；军事制度，包括府兵制、募兵制、禁军制度、藩镇军制等；军事活动，包括北平突厥、开拓西域、东征高丽、南抚诸族等。

《仓丰廪实——经济篇》，分为 5 章 20 节，内容包括农业经济、手工业经济、商业经济、金融经济、对外贸易等许多方面。其中也包括许多经济方面的制度，如均田制、租庸调制、两税法、仓廪制度、市场管理制度等，对人口增减、水利兴修、耕地面积、粮食产量以及物价等情况，均有简要的介绍。在撰写手工业生产时，还将唐代的著名产品进行了介绍。对于中外经济交流的盛况，也有详细的介绍，不仅论述了唐朝的外贸方式，而且还分析了这种交流对促进各国经济繁荣发展的积极意义。

《万国来朝——外交篇》，共计 4 章 14 节，分初唐、盛唐、中唐、晚唐四个阶段介绍了有唐一代的外交政策及其变化情况。除了简明地介绍与唐朝交往的外国情况外，还对贡封体制下民族关系的变化以及在经济文化交流中所取得的成就进行了客观的评述。尤为可贵的是，作者还以"大唐帝国的启示"为标题，从唐代的夷狄观、包容性、开放性等三个方面评述了唐朝外交政策的特点。

《气象万千——文化篇》,分为6章24节,全面系统地介绍了唐朝所取得的光辉灿烂的文化成就,内容包括儒学、教育、史学、诗歌、传奇小说、变文、书法、绘画、乐舞、科技、宗教等方面。不仅介绍了这些方面所取得的成就,而且对其特点、风格的变化,以及中外文化交流的情况等,都有详尽的评述。对唐文化在中国文化史上的地位以及对世界文化发展的贡献,也有客观的评价。

《盛世繁华——名城篇》,共分6章12节,主要介绍了唐代几个最著名的城市,包括长安、洛阳、扬州、成都等的城市布局、坊市、建筑、景区、名人宅居等方面的情况。除了以上方面外,对每座城市的发展史以及建筑特点也有详尽的介绍。尤为可贵的是,此书还对这些名城对中国城市与世界其他城市的规划与建设方面的影响,进行了简要的介绍,充分反映了唐代在城市建设与规划方面所达到的高度与水平。

《物阜民丰——生活篇》,共分6章21节,主要内容包括服饰、化妆、织染工艺、食品、城市与乡里、住宅、道路、交通工具、馆驿、行旅风俗、节俗、娱乐等方面，全方位地反映了有唐一代各个社会阶层的生活状态，是这一历史时期人们日常生活状况的真实反映。阅读此书，不仅可以增长知识，扩大见闻，而且可以了解我国古代鼎盛时期所创造的物质文明和精神文明的全部情况，增强历史自豪感，增强文化自信。

中华文明源远流长，有关中国历史文化的论著汗牛充栋，然而目前专门以中国古代社会生活史为着眼点，尤其是系统讲述唐代社会生活的论著并不多，因此此书还具有一定的学术研究价值，对史学界传承中国传统文化，以文化人、以史资政意义重大。

这套丛书的编写与出版是一种全新的尝试，目的就在于为读者提供一套简明扼要、图文并茂、既具有科学性又具有趣味性的历史通俗读物，把学术界的研究成果从象牙塔里转移出来，使其更好地为社会生活服务，在盛唐的文字气韵中为读者讲好中国故事。当然,如果非专业的普通读者能够直接阅读学术性论著,那是最好不过的了,但是这得有一个前提条件,就是学术界产出的成果必须做到雅俗共赏,而这一点不仅国内学术界很难完全做到,即使在国外也是不多见的。在这种情况下,这套丛书的做法就不失为一种较好的方式,即着眼于"开放的大唐"这一主题,用通俗的写法讲述生活在唐代的文化样貌。这样做的效果到底如何还要经过实践的检验,也就是能够获得广大读者认可,这一点也是这套丛书编撰者所期望的。

杜文玉

(唐史学会副会长,陕西师范大学唐史研究专家)

2016年11月3日

三 柔荑凝脂：手饰 045

第四节 织染工艺 049

一 织造工艺 049

二 着色工艺 052

第二章
民以食为天：丰富多彩的大唐饮食文化 055

第一节 主食 058

一 粉类食品 058

二 粒类食品 067

第二节 副食 072

一 蔬菜 072

目录

第一章 锦绣华章：大唐气象中的衣冠服饰

第一节 男子服装

一 万国衣冠拜冕旒：冠服 004

二 胡服遗风：常服 004

三 弓背霞明剑照霜：军服 009

第二节 女子服装

一 端庄大气：礼服 015

二 自由便捷：常服 019

第三节 妆容佩饰

一 复杂多变：面饰 019

二 精巧别致：头饰 021

033

033

039

第三章 恢宏与自然交融：独具魅力的居住生活

第一节 城市与乡里
一 城市：长安与洛阳 ... 101
二 百千家似围棋局：里坊 ... 102
三 清江一曲抱村流：乡村 ... 113

第二节 住宅
一 栋宇相连延：贵戚邸宅 ... 116
二 一般住宅 ... 119

第三节 内部陈设
一 美人卷珠帘：隔断式陈设 ... 119
二 织作披香殿上毯：铺设类陈设 ... 123

099 101 102 113 116 119 119 123 128 131 137

二 肉食 075
三 果品 081
第三节 调味品 083
一 发酵类 083
二 甜味类 085
三 辛香类 086
第四节 茶、酒及其他 087
一 茶 087
二 酒 092
三 杂饮 094

第三节　馆驿及其他　175

一　翠驿红亭近玉京：驿站　175

二　幽斋特下高人榻：旅店　180

第四节　行旅风俗　183

一　自翦青莎织雨衣：出行用具　183

二　亦是茫茫客，还从此别离：送别风俗　187

第五章　传统与信仰并存：多姿多彩的唐代节日娱乐　191

第一节　节日　193

一　纪念性节日　193

二　时令性节日　199

三 吾师醉后倚绳床：家具 ... 141

第四章 纵横阡陌：顺畅便利的道路交通

第一节 道路 ... 147

一 山回路转不见君：陆路 ... 150

二 杨柳渡头行客稀：水路 ... 150

第二节 交通工具 ... 155

一 翩翩平肩舆：人力交通工具 ... 159

二 草色青青送马蹄：畜力交通工具 ... 159

三 劳歌一曲解行舟：水上交通工具 ... 163

... 171

一　求子和胎教	239
二　三日洗儿和满月庆贺	242
第二节　婚丧习俗	246
一　婚俗	246
二　葬俗	262
第三节　其他风俗	272
一　人际交往	272
二　避讳与行第	275
三　休假与旅游	283
后　记	294

三 宗教性节日 ... 207
第二节 宴会 ... 213
一 政治象征：国宴 ... 214
二 和美团圆：家宴 ... 217
三 樽前劝酒是春风：游宴 ... 219
第三节 娱乐活动 ... 223
一 百戏 ... 223
二 其他娱乐活动 ... 230

第六章 人生百态：唐人的风俗习惯

第一节 生育习俗 ... 237
... 239

第一章 锦绣华章

大唐气象中的衣冠服饰

服饰在人类文明进程中的重要地位，不仅仅体现在其可以遮体御寒、修饰外观，更在于其作为一种外在表现形式而上升为区分不同民族、国家和地区人民的重要标志。有学者甚至认为，服饰是我们观察一个地区社会生活、物质文化、精神面貌乃至民族性格的重要渠道。回归到我国而言，我国古人很早就认识到服饰与人文之间的关系，因此在夏商之际就出现了"黄帝、尧、舜垂衣裳而天下治"的观念，"舆服志""车服志"等记载服饰的文字更是成为《后汉书》之后历代史书文献中的标配，成为帝王统治、理政的重要依据和具象表现。

唐朝是我国历史上最为辉煌的一个王朝，这种辉煌不仅体现在这一时期的经济繁荣、文化蓬勃，更表现在其完善的典章制度上。服饰作为体现社会等级差的重要载体之一,也极为引人注目。特别是对于少数民族服装样式的吸纳,更为中原汉族服饰类型增添了异域情趣。

第一节 男子服装

有唐一代,男子的服装可以粗略地分为冠服与常服两类。所谓冠服,即今日所言之礼服,是在重大仪式场合所穿着的服装。而常服如字面意思所言,是日常生活中人们所穿着的比较随意的衣服。

一、 万国衣冠拜冕旒:冠服

唐时,作为正式礼服的冠服也被称为"法服",其款式仍旧沿袭汉代以来的基本服装类型,如冠、冕等。又根据不同的时间与场合,被分为冕服、公服和朝服。根据武德七年(624)所颁行的《衣服令》来看,唐代皇帝的冠服有大裘之冕、衮冕、鷩[bì]冕、毳[cuì]冕、絺[chī]冕、玄冕、通天冠、武弁[biàn]、黑介帻、白纱帽、平巾帻、白帢[qià]共12个等级。

敦煌壁画《帝王出行图》

（一）冕服

冕服也被称为"祭服"或"吉服"，主要是举行祭祀活动时所穿着的服装，是各类冠服中最为尊贵的一种。唐代的冕服仍然沿袭西汉以来的基本样式，但有所减省。就实践而言，主要保留衮冕的使用。

衮冕，简单而言就是一种绘有龙纹的冕服，是唐代帝王使用范围最为广泛的一种礼服。根据《旧唐书·舆服志》的记载，其具体的形制为：

头上带有冕冠，冠上有冕板，板宽一尺二寸（约40厘

敦煌壁画《帝王听法图》

米)、长二尺四寸(约80厘米)。在冕板前后,各垂有12条白珠穿成的旒,并加以红色的缨带。冕服由布帛制成,以深青色的缯做表,在领口处画有升龙,周身上下绣以十二章纹。其中,上衣绣有日、月、星辰、龙、山、华虫、火、宗彝8种,下裳为藻、粉米、黼[fǔ]、黻[fú]4种。在冕服里面穿着白纱制作而成的中单衣,领口为黻领,也就是青黑相间的花纹样式。脚上穿着红色、重底配加金饰的鞋子(赤舄[xì])。在穿好冕服之后,还要在腰间束用皮做成的腰带,腰带上有玉钩䚢[chè],垂有大带和蔽膝,并佩戴玉具剑。

(二)朝服

朝服又被称为"具服",最早是祭祀时穿着的服装,自汉代以后，逐渐成为议政、元日和冬至宴会、养老等活动所穿之服。根据武德时期《衣服令》的规定，其服装的穿着方式是头戴通天冠，冠下有黑介帻，冠上有缨和簪导。外穿绛纱袍和朱里红罗裳，内穿白纱中单衣。在腰间系有革带和蔽膝，上佩有珮、剑等。脚上穿着白色的袜子和黑鞋。

（三）公服

公服又名"从省服"，使用的场合与时间与朝服相类似，所不同的是，与朝服相比，公服适用于相对次要的场合。因此，公服虽也由冠、帻、缨、簪导、绛纱袍、白裙襦、革带等组成，但要更加简约一些。具体来说，就是不穿着白纱中单衣，腰间不系蔽膝，不佩带剑。脚上也不再穿着舄，而是改为履。

需要我们注意的是，以上所谈到的三类冠服并不为帝王所独用。皇太子、文武百官也都有其合乎规程的冕服、朝服和公服，只不过是在具体的服装花纹和样式上有所不同而已。在这三类冠服之外，唐代还有一种非正式性的冠服——"袴褶［kù zhě］"。

袴褶是一种起源于少数民族的服装类型，经过魏晋南北朝数百年间的交流与改革后，在隋唐时期成为一般朝参时所穿着的服装。其主要样式为头戴平巾帻，上身穿褶加裲裆（一种类似于背心的服装），下身穿白袴，腰间系梁带，脚穿靴。但其毕竟源于游牧民族，因此，最初主要是作为武官的服饰出现的。如《武德令》中对于袴褶的规定就局限于武官，是他们立仗时的装束，但也不绝对。如文官在骑马时也可以使用，只需要去掉裲裆。即便是一条模糊的界限，到了唐太宗贞观二十二年（648）也彻底被打破了。唐太宗下令，要求无论文武，百官在参加朔望朝时都需要穿着袴褶。到了武后文明元年（684）进一步规定，凡是在京的文武百官，每日入朝时都要穿着袴褶；而在地方的官员，在公衙时也需穿着。袴褶的使用范围在玄宗时达到顶峰，开元二十五年（737），玄宗颁布《仪制令》，宣布文武百官九品以上，需要参加朔望朝参的，在十月一日到来年二月二十日都需要穿着袴褶。随后，袴褶的地位逐渐降低，到代宗宝应元年（762）前后，就有大臣提出取消穿袴褶的规定。袴褶退出历史舞台的原因在于其先天的不足——它既不是中国传统的冠服，与常服相比又不那么便

唐代懿德太子墓壁画《内侍图》

捷。因此,消亡也就成为一种必然。

二、 胡服遗风:常服

常服,顾名思义即为日常所穿着的服装。究其来源,则是在鲜卑服装的基础上改制而成的。在唐代,上到帝王将相、下及普通百姓乃至厮役奴仆都穿着这种日常服装。唐代男子常服的主要款式是头戴幞[fú]头,身着圆领袍袴,腰间系革带,脚穿长勒靴。我们在此就其中比较重要的幞头和革带做一简要介绍。

(一)幞头

与今人的"抛头露面"相比,唐人是十分保守的。特别是对于男子而言,披头散发是极为逾礼的行为。因此,发髻与幞头就成了唐代男子最为基本的发型与发饰。

幞头的原型来源于鲜卑族的帽子,但在随后的演化中逐渐与鲜卑帽分道扬镳。二者最为显著的区别

敦煌壁画《现天大将军身图》

就是：它已经脱离了帽子，成为头巾的一种。使用的时候，先对折，然后盖在发髻上，四个巾角中的两个向后扎结，另外两个向前环抱发髻，多余的部分就让它自然垂下。幞头最初使用的材质均为柔软的黑色纱、罗，因此被称为"软脚幞头"。随后，开始在幞头垂落的脚中加入铜铁做成的龙骨，使得巾脚更为平展、圆润和美观。这种幞头被称为"硬脚幞头"。根据硬脚的形状，

唐代万泉县主薛代墓壁画《执笏男侍图》

又可细分为"展脚幞头""朝天幞头"，等等。到了晚唐时期，由于每天裹头过于麻烦，因此，就开始出现了假幞头——木围裹头，也就是用木头做一个幞头样式的帽子，在外面刷以黑漆、蒙上黑纱，使用的时候戴上就可以了。

唐代韦洞墓壁画《男吏图》

需要我们注意的是，硬脚幞头的脚，随着时间的推移越来越长，五代十国时期的楚国马希范的幞头脚甚至达到了左右长约一丈的地步。但需要大家注意的是，这也仅仅是这一时期的一个特例而已，并非日常生活中的常态。另外，帽子式幞头与硬脚的结合，也直接成为宋、明时期官帽造型的渊源。

（二）革带

隋唐时期，男子所用的革带都是用带扣来固定的。在革带上还会垂有不同数量的革条以方便系物，这种革条被称为"蹀躞 [dié xiè]"。蹀躞与革带用銙环来连接，銙环的不同数目代表着不同的等级。帝王所用的革带为十三环，大臣所用为九环。但这样的情形只持续到了初唐时期。

初唐时虽有文献证明十三环腰带还在行用，但至今还未发现实物。根据《中华古今注》的记载，到了唐代，天子就和百官平民一道改用九环腰带。随后，进一步把环去掉，只留下銙来代表不同的身份。銙是附于腰带上的一种近似于方形的装饰品，可以采用不同的材质来制作。一般来说，根据官阶高下，分别使用玉、金、犀、银、鍮石、蓝铁等。

除此之外，颜色也是区别人群等级的重要标志之一。早在大业六年（610），隋炀帝就初次在常服上以颜色划分等级，将北朝以来贵贱通用的常服等级化。这一趋势到了唐代更加明确，唐高祖于武德四年（621）规定：凡官员三品以上穿紫，五品以上穿朱，六品以下乃至普通百姓穿黄。到了太宗贞观四年（630），进一步规定：三品以上穿紫，五品以上穿绯，六品和七品穿绿，八品和九品穿青色，黄袍在此时依旧被允许穿着。但需要强调的是，黄色中不包括赤黄色，赤黄色是皇帝专享的颜色。对于袍衫颜色的规定，在上元元年（674）八月又进一步细化：文武官员三品以上穿紫，四品穿深绯，五品穿浅绯，六品穿深绿，七品穿浅绿，八品穿深青，九品穿浅青色。原先贵贱均能穿着的黄袍衫，在此时也开始逐渐被禁止于官员中。庶民虽还可以穿着，但随即便改为以白衫为主了。

（三）袍衫

袍衫是唐代男子最为喜爱的穿着，也是最常穿着的日常服装。袍与衫虽均为圆领服装，但穿着的季节有所差异。一般而言，冬天穿袍，夏日穿衫。士人还往往在袍衫的近膝处加一道横襕，称之为襕衫。关于襕衫出现的时间与发起人，有北周宇文护、唐马周和唐长孙无忌三种说法。但以考古资料而言，则以北周宇文护在袍衫上加襕之说最为可信。但是将襕衫作为士人的专用服装则是由唐代的名臣马周发起的。此外，在唐人的衫中还有一种贴身穿着的、比普通衫要短一些的"汗衫"。

除了我们在壁画中经常能够看到的圆领袍袴外，在唐代还出现了常服的一种变形——异文服。所谓异文服，就是在普通常服上增添花纹而成的服装类型。天授三年（692），武则天在赐予都督刺史的袍衫上绣以山川样式，并在周围题以"德政惟明、职令思平、清慎忠勤、荣进躬亲"十六字铭言。可见，异文服的最早创制者是武则天，其用途在于赏赐官员。两年后，武则天将这类服装的赏赐范围进一步扩大，文武三品以上官员都有机会穿着这种绣有文字和动物造型的袍衫。不同等级的官员，绣不同样式的图案。到了德宗时期，异文服的赏赐范围已经遍及诸卫郎将、节度使和观察使。到了文宗统治时期，异文服上的图案已经开始固定化，如：三品以上的官员，根据官职的不同绣以鹘衔瑞草、雁衔绶带或是孔雀绫纹。虽然异文服在有唐一代没有取得制度化的地位，但它对于明清以后的袍服有着深刻的影响。

三、弓背霞明剑照霜：军服

在封建帝国时代，所有被选进宫中的女子在名义上都是皇帝的个人私属。这些俏丽的少女自打进宫之后，再难踏出宫门一

唐代彩绘釉武官俑

步,就更不必说与他人喜结良缘了。但在唐代,除了那些被释放的宫女外,还有一些宫女的故事为文人所津津乐道。那就是,受命制作军衣的宫女,偷偷将心意化成诗歌缝于衣服之中。后虽为皇帝发现,却未被怪罪而是如愿嫁于得到诗作的战士。例如在玄宗开元年间,就有一位战士在自己的短袄中发现了这样的诗作,其文曰:"沙场征戍客,寒苦若为眠。战袍经手作,知落阿谁边?蓄意多添线,含情更著绵。今生已过也,结取后生缘。"其中一句"今生已过也,结取后生缘",看得玄宗也甚为动容,因此将该宫女嫁于这位战士。无独有偶,僖宗时也曾发生了与之相同的事件。这两桩喜结良缘之事,都离不开作为媒介的军

唐代三彩釉武士俑

衣与表达心意的诗作。那么，作为帝国的守护者，唐代军人的服装究竟是怎样的呢？一般而言，唐代的戎装可分为战时穿着的甲胄和平日穿着的战袍两种。

甲胄是在战时保护军人身体的衣服，因其特殊性，多以铜、铁等金属或是皮革类等有韧性的材料制作。根据《唐六典》的记载，唐代的甲胄一共有13种，分别是明光甲、光要甲、细鳞甲、山文甲、乌锤甲、白布甲、皂绢甲、布背甲、皮甲、步兵甲、木甲、马甲和锁子甲。

唐代章怀太子墓壁画《仪卫图》

唐代的甲胄一般是由兜鍪（头盔）、护甲（身甲、披膊、护臂和甲裙等）以及战靴三部分构成。

与甲胄相对的，是一般为非战时穿着的战袍，但战袍有时也配合甲胄一起使用。唐代战袍多采用厚实的麻布制

唐代章怀太子墓壁画《仪卫图》（局部）

成，其形制与普通常服类似——为圆领或翻领袍袴。但据周锡保先生的研究，唐代的战袍似乎要比普通官袍窄且短一些，颜色则多为皂色。军人的头上也是要戴幞头的，为了追求美感，有时还会在幞头之外缠有红色的绅巾。

唐代军人所穿着的甲胄与战袍，在已出土的文物与壁画中屡有出现，这也为我们了解这一时期军服的具体样式提供了依据。

第二节　女子服装

雍容与大气，是大唐气象的生动体现，也是唐代女性所拥有的气度与风采。在我们今日可以看到的画作中，唐女们翩然而立的姿态，以及随风而起的衣角，都是唐朝留给我们最为美丽的印象。与男子服装相类似，唐代女性的服装类型大致也可以分为礼服和常服，所不同的是，女性服装特别是常服的款式、色泽、花纹要更加多样一些。

一、端庄大气：礼服

在唐代穿着礼服的女性主要有两类，一类是皇帝的妃嫔，一类是外命妇。其中以皇帝的妃嫔特别是皇后的礼服最为隆重与奢华，也最具代表性。其他的礼服都是依据皇后礼服的样式，按照等级减省、变化而来的。因此，我们在这里就来谈谈唐代皇后的礼服。

根据两《唐书》的记载，唐代皇后的礼服分三种，分别为袆[huī]衣、鞠衣和钿钗礼衣。

袆衣是皇后在参加册封、祭祀和朝会等重大活动时所穿着的礼服。根据文献的记载，袆衣的外衣是深青色，且绣有十二行五彩翚[huī]翟（二者分别指五色野鸡和长尾野鸡，代表妇德高尚）。内则穿素色衬袍，仅在领口处绣以黼形花纹，袖口处采用红色。与男子一样，腰间系有蔽膝。蔽膝的颜色与外衣相同，但用红色勾边，且绣以三排翚翟花纹。蔽膝以外，还系有大带与革带。革带以及袜子的色彩也为深青色，与之搭配的舄则以金箔饰之。

但所有关于袆衣的信息，全部来自于文献的记载，至今没有发现与之相对应的实物形象，因此，袆衣在唐代的具体行用情况，还是有待商榷的。

鞠衣是皇后在举行亲蚕仪式时所穿着的衣服。根据文献的记载，鞠衣是用黄罗制作而成，且通体皆为黄色。鞠衣的黄色有两种说法：一认为是桑黄色，也就是桑叶刚刚发芽时的颜色；另一种则认为是如菊花一般的黄色。但这只是关于颜色深浅的争论，鞠衣为黄色则是毫无疑问的。鞠衣的其余服装细节均与袆衣相同，只是不绣翚翟等图案而已。

钿钗礼衣是皇后宴饮宾客时所穿着的服装，与袆衣和鞠衣的样式基本一致，只是以履代替舄。由于钿钗礼衣是宴会时所穿着的礼服，因此色泽也就更加多样一些。钿钗礼衣除了整体使用杂色织品制作之外，不再添加任何图案的装饰。

二、自由便捷：常服

如果说礼服是有品级的贵族女性在参与重大活动时所穿着的服装的话，那么常服就是她们和普通女性在日常生活中所穿着的便装。唐代女性最为喜爱的常服有三类，除了传统的襦裙服外，胡服与男装也深受唐代女性的青睐。而后两者服装类型，也正是唐代社会开放、文化包容的具体表现。

（一）自信大胆：展示人体美感的裙装

裙服是中原地区传统女装的基本款式，一般而言，是由襦或衫、裙以及帔［pèi］帛组成。

其中，襦和衫都是唐代女性最为常见的短上衣，在穿着时，将襦或衫掖在长裙之中。二者的区别仅在于襦的材质较厚，而衫则更加轻薄一些。虽说衫是一种单衣，但也偶尔会用于外搭。在唐代，还有一种被用于外搭的短袖，

唐代三彩釉女俑

叫作背子或半臂，这是一种男女通用的外衣。需要我们注意的是，与历代相比，唐代女性短襦最为显著的特点便是领口造型的多样化。这与下文我们要提到的胡服一样，都是受到外来服装风格影响发展起来的。在这一时期，除了交领、圆领等常规领形之外，还出现了斜领、鸡心领等新式领形，甚至在盛唐时期，还出现了中国服饰史上极为罕见的袒领，也就是我们所说的抹胸装。除了领口多样化外，唐代襦、衫在色彩使用上也是十分大胆的，红、青、绿、绯、黄，等等，都是当时女性所喜爱的颜色，其中，以红衫最多。就制作材料而言，一般用布，经济条件好的人家则采用丝织品，甚至使用金银线来进行绣图。

襦、衫在唐代并不是一成不变的，而是经历了一个由窄小到肥大的过程。有时一件衣服的袖宽能够达到四尺，以至于唐文宗不得不下诏书来限制这样的趋势，要求襦袖最宽只能是一尺五寸。

与襦、衫相配套的，是摇曳的长裙。唐代女性的裙子最大的特点在于：裙长一般都要及地，并且流行将裙腰直

唐代周昉《簪花仕女图》（局部）

接提高到腋下,以突显身形的修长。就款式整体而言,和襦、衫一样,也经历了从窄小到宽大的变化。具体而言,初唐时期的裙子都较为窄、瘦,且流行带褶的百褶裙。但裙装加褶后就会比较浪费布料,因此自唐高宗起一再限制裙装的褶数。到了中晚唐时期,这种情况开始发生变化,主要是早期的百褶裙在此时已不再流行。社会上转而欣赏那些比较肥大、飘逸的裙装。但将裙子高系于腋下的做法依旧十分流行。

唐代裙装的原料来源也较为广泛,从传统的布、纱、罗等到鸟毛,都能够被制成裙子。相配合的色彩自然也十分绚丽,颜色主要以黄、绿、红为主,其中,红裙

日本正仓院藏唐代《鸟毛立女屏风图》(局部)

也就是我们所熟知的"石榴裙"。

在传统裙服之上，唐代女性还流行以帔帛作为装饰品。帔帛在这一时期也被称为帔子、披帛和领巾。它是从西亚地区以佛教为传播媒介来到中原的一种服装类型，是唐代使用范围极广的一种服装搭配。它一般都为一条很长的纱巾，搭覆于女性的肩颈，绕于双臂之间。我们今天在敦煌壁画中所见到的著名的飞天神女形象，身上就佩戴有这样飞动、飘逸的帔帛。

唐代懿德太子墓壁画《执扇宫女图》

（二）兼容并蓄：流动的异国风情

中原地区第一次正式引入胡服是在赵武灵王时期，主要指的是北方游牧民族的服装。与汉族传统服装相比，胡服更加修身、干练，便于进行游牧与渔猎活动。唐人对于胡服的吸纳不仅仅局限于西北少数民族服装，也包括中亚

唐代三彩釉陶戴胡帽骑马女俑

等周边国家的服装。如我们上文所介绍的帔帛，其原型就来源于西亚国家。

总体而言，唐代女性所穿着的胡服，大多是头戴胡帽，身穿翻领缺胯袍，下身配以长裤，脚穿锦靴或是线鞋。与男子相比，女性更加偏向于选择条纹状的长裤。

在众多的胡服当中，回鹘装是极为引人注目的一种。回鹘原称回纥，是西北地区极为强悍的一个少数民族，在开元年间一度组建了北方最强大的游牧民族政权。回鹘与唐王朝的交往一直十分亲密，这种密切的联系在回鹘骑兵帮助唐朝军队击退安史乱军之后达到了顶峰。唐朝公主远嫁回鹘，回鹘族人也频繁往来于两地之间。随着频繁的交往，回鹘族的文化与审美情趣也逐渐在中原地区流传开来。而回鹘装就是其中的典型代表之一。回鹘装在唐代主要流行于贵族妇女之中。其特点是身着及地长袍，长袍为翻折领，衣袖窄小而衣身宽大；下身着长裙，腰间系带。衣服的整体颜色多为暖色调，尤其喜爱用红色的织锦制作而成，并且在领口与袖口处均用织金锦做成较宽的花边，上绣以凤鸟衔枝状的花纹。脚上穿的是翘头软棉鞋。有学者研究认为，回鹘装的服装形式，是唐文化与波斯文化、希腊文化交织而成的产物，是中西方文化交流的成果之一。

唐代回鹘国圣天公主供养像

（三）女权觉醒：不爱红装爱男装

在传统的中国文化里，"女着男装"被认为是一种极为不正常的现象。因此，在中国历史的其他时代，女性穿着男装的形象是极为罕见的。然而在唐代，特别是开元、天宝时期，这种穿着则成为一种上至贵族、下及平民的流

唐代房陵长公主墓壁画《持花男装侍女图》　　唐代房陵长公主墓壁画《男装侍女图》

行时尚。唐代女性所穿着的男装，一般是指男子的常服，也就是圆领或翻领的袍袴。上文对于唐代男性常服的样式已经做了详细的介绍，因此，在这里就不多做阐述了。

　　需要大家注意的是，以往我们在研究唐代女性着男装的原因时，往往归结于社会风气的开放、女权思想的崛起

唐代吕村李凤墓壁画《男装侍女图》　　　　唐代李爽墓壁画《男装吹箫侍女图》

等方面。但根据孙机先生的研究，穿着男装的贵族女性一般都是工作人员，也就是地位比较低下的婢女。比如在《资治通鉴（胡三省注）》当中，就提出在宫廷中以供役使的宫女就作此种装扮，被称为"裹头内人"或是"袍袴"。《朝野佥载》中的记载则说明，在一般富贵人家中，"袍袴"也指的是那些婢女。这一情形在陆续出土的唐代墓葬壁画中也有所体现。这表现在若出现一群女性时，一般而言身着裙衫者居前，而身着男装（袍袴）者则都手持器物随后而站。这样的画面布局，进一步说明了两者之间的地位差异。当然，我们不能否认的是，在唐代，一些贵族女性诸如太平公主等也是十分喜爱男装的。

帽子与鞋类是服装搭配的重要组成部分，因而，在此一并进行介绍。

女性戴帽子的时尚品位并不是在唐朝才出现的，魏晋南北朝时期的女性就已经非常喜爱帽子了。受到少数民族影响，唐代女帽的种类是十分繁多的，且有一个不断"变短"的过程。

根据《旧唐书·舆服志》的记载，初唐时期女性一般使用的是羃䍦[mì lí]。羃䍦似乎是胡羌民族的传统服饰，本意是用来遮挡风沙。因此，羃䍦在帽檐处缝有长至膝盖的布帛，可以将全身都遮起来。随着社会风气的日益开放，传统儒家"女子出门必拥蔽其面"的思想开始松动。到了唐高宗永徽（650—655）以后，羃䍦就逐渐为帷帽所取代。

帷帽与幂䍡一样，都是以斗笠状帽子为基础，但在帽檐处垂挂一圈的不再是布帛而是网纱，有些贵族女性还在网纱上以珠翠加以装饰。帷帽与幂䍡的最大区别在于幂䍡的帽裙可遮蔽全身，而帷帽的网纱仅垂于脖颈间。虽然帷帽一度受到朝廷的干预，但到了中宗朝（705—710），幂䍡还是不可避免地被帷帽所取代。帷帽的流行也并没有保持很久，随着胡风影响加深，唐朝女性开始将胡帽作为时尚新宠。自不必多说，胡帽是西域或吐蕃人所佩戴的帽子，种类十分繁多，但多数都是尖顶、绣花、帽耳向上翻折，有的还会缀以毛、毡来体现异域风情。到了玄宗朝（712—756）之后，

唐代彩绘陶戴帷帽骑马女俑

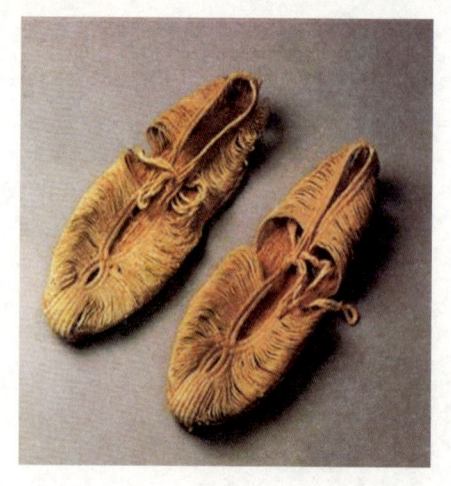
唐代麻鞋

唐代的女性索性就连帽子也不戴了,"靓妆露面"与"露髻驰骋"开始风靡一时。在唐后期,帽子虽还有人佩戴,但已经为数不多了。

唐代的鞋有履、鞋、靴等。履是唐代极为常见的女性鞋类,就其材质而言,有草履、锦履等;就样式而言,有高头、小头和平头之分。虽然在这一时期鞋与履会通称,但也有例外,那就是名为"线鞋"的鞋类。线鞋在隋代就有,根据《旧唐书·舆服志》的记载,唐武德时期就有女性因履较重而改穿更为轻便的线鞋。到了开元时期,"妇人例着线鞋"。靴也是这一时期女性的选择之一,主要是用来搭配男装和胡服,以红锦靴最多。屐在这一时期也有,但穿的人很少。

第三节　妆容佩饰

我们在上文中说到，至晚到了玄宗统治时期，唐代女性就已经"靓妆露面"了。为了展示自己与众不同的美丽，唐代女性开始在发髻、面饰等方面不断地推陈出新，以凸显自身摇曳多姿的风采。

一、复杂多变：面饰

所谓面饰，就是在脸上进行修饰的手法或物品，与我们今日所说的化妆基本类似。唐女化妆的步骤与前代基本一致，下面逐一进行介绍。

第一步：涂脂抹粉。

由于妆粉与胭脂有着改善肤色的作用，因此是从古至今女性最为常用、也是最为基础的化妆用品。我国女性使用妆粉的历史很久，可以追溯

唐代张礼臣墓舞伎形象

到战国时期。妆粉的主要来源有二：一是将米粒碾成粉末后，加香料调和制作，称为"米粉"；一是用化学处理后的铅制作而成，称为"铅粉"。后世使用铅粉的情况更多一些。而胭脂则是与妆粉配套的化妆品，提取于一种名为"红蓝"的花朵之中。最初的胭脂只是晒干的红蓝花提取液，使用时再用清水调和。到了南北朝时期，随着牛髓、猪胰等油脂类物品的加入，胭脂也变成了一种稠密、细腻的膏脂。红妆也就成为女性日常最常用到的化妆手法，这样的风气直到唐代都不曾消减。据《开元天宝遗事》记载，杨玉环就很喜爱红妆，也就是使用胭脂，以至于在夏日"每有汗出，红腻而多香"。涂脂抹粉在唐人的诗歌中也屡屡出现，如元稹"傅粉贵重重，施朱怜冉冉"，罗虬[qiú]"薄粉轻朱取次施"，等等。

当然，唐代也有女性不敷粉施朱的情况。比如杨玉环的姐姐虢国夫人，就"不施妆粉，自炫美艳，常素面朝天"。可见，敢于素面朝天是对自身美貌极度自信的表现方式之一。到了唐中后期，特别是元和时期（806—820）社会上流行的"时世妆"，也是强调"腮不施朱面无粉"

唐代妇女化妆顺序图

的。特别需要指出的是，在这一时期，涂脂抹粉并不是女性的专属，男子也有使用朱粉来美化容貌的。武则天的男宠张易之兄弟，就是这类男性的代表。

第二步：涂额黄。

额黄是一种受佛教影响而发展起来的妆容，最初是用黄粉涂抹整个额头，因此唐诗中有"额黄侵腻发"之说。到了后来，逐渐演变为贴以嫩黄色的装饰品。

第三步：画眉。

与敷粉施朱一样，我国女性画眉之风起源于战国时期。到了唐代，画眉仍是女性化妆步骤中最为重要的一环。如我们上文所说的虢国夫人，虽自恃美丽而素面朝天，但也一定要"淡扫蛾眉朝至尊"。由此可见眉妆对于女性妆容的重要性。唐代女性不仅画眉成风，而且还积极地进行创新，形成了各式各样的眉形、眉样。仅《清异录》中就记载了小山眉、垂珠眉等数种眉样。而这一时期画眉之风的盛行，也与上层人士的提倡密不可分。据说唐玄宗就是一位"眉痴"，他在逃至四川之时，仍不忘让画工画《十眉图》以供把玩。据文献的记载，《十眉图》中的眉样有鸳鸯、远山、五岳、垂珠、拂云等名目。但总体而言，细长的柳叶眉和稍宽的阔眉是唐代女性的基本眉样。但也有比

西安唐墓乐舞壁画

较特殊的眉样,如"时世妆"中的八字眉和"血晕妆"中的红紫色眉毛。八字眉是吸收了吐蕃的化妆与审美情趣,画好后给人一种似哭非哭的感觉。而"血晕妆"则是将眉毛剃光之后,用红紫色进行描画,给人极为强烈的视觉冲击。因为这两种眉形并不符合中原传统审美情趣,因此,很快就不再流行。

第四步：贴花钿。

"当窗理云鬓，对镜贴花黄"是我们极为熟悉的《木兰辞》中对木兰恢复女儿身的描写。其中木兰所贴的花黄，就是唐代女子所贴的花钿。花钿又称花子、媚子，是一种贴于额头、眉间的装饰。花子的样式很多，有花形、几何形、牛角形等，以花朵形最多。颜色则根据其采用的材料不同，而呈现不同的色泽。如以金箔做样，则为金色；以鱼鳃骨做样，则呈现为动物骨骼所特有的色泽。就出土的图像资料而言，多以红、金、翠色为主。故而温庭筠言"翠钿金压脸"。

第五步：点面靥。

面靥有两种。一种是在面颊、嘴角处以胭脂进行点画，一般为圆形，但也有月牙形、铜钱形等。还有一种与贴花钿相似，即用金箔等物品剪出所需要的花形，然后以胶进行粘贴。

第六步：描斜红。

斜红是流行于中晚唐的一种时尚装扮，其手法是在太阳穴处以胭脂涂抹出两道红色的斜状纹饰。其形式可工整，也可杂乱,有如伤痕一般,与我们今日的"伤痕妆"有异曲同工之妙。

第七步:点唇。

在唐代,女性除了用红色的唇膏涂抹嘴唇外,还深受吐蕃风俗的影响,以黑色点唇,称之为"乌唇"。

经过这七步的修整,唐代女性才算完成了一套完整的面部妆容。这与我们今日女性的化妆术相比,有过之而无不及。

二、精巧别致:头饰

我们这里所谈到的头饰,既包括簪、钗之类的发饰,也包括变化万千的发式。

唐代女性的发式之多,可以用前无古人、后无来者来形容。它不仅根据前朝的发髻花样推陈出新,而且积极地引入周边少数民族的异域风情。根据一些文献和考古资料可以知道这一时期的发髻名称有:高髻、双髻、祥云髻、半翻髻、螺髻、凤髻、百合髻、倭堕髻、回鹘髻、乌蛮髻,等等。这些发髻的具体样式,大多我们今日已无从知晓。但可以肯定的是,唐女的发髻从大体上可以分为高耸

唐代仕女头像

唐代双髻、高髻陶女俑

和低垂两大类型。上文我们提到的高髻，就是高耸型发髻的代表；而倭堕髻和堕马髻则是低垂发髻的典型。从历史渊源来说，低垂式发髻是以往历代汉族女性的主要发型，而高耸的发髻则一般只用于配合盛装或舞女的时装。但随着各民族交往的加深，高耸型发髻越来越受到欢迎，到了唐代更是成为女性发型的首要选择。而这种高耸的发髻形式，在一定程度上和宽大、雍容的唐代女装相得益彰。这种竞相高耸的发式也直接影响了五代、北宋女性的发式特点，且为假发的运用与流行提供了必要的社会需求。

　　假发也称为假髻、义髻、特髻等，在我国出现的时间很早。据说在周文王时期就已经开始运用假发来增加美感了。在唐代，使用假发最为有名的当属杨贵妃。根据史料记载，杨贵妃最为喜爱两样装饰，一是假发，一是黄裙。唐代假发的制作十分精美，就材料而言，有木头，也有真发。当然，木头制作的假发要更为廉价一些，是普通女性所青睐的物品。在今天新疆地区就出土过用木材制作而成的假发。需要说明的是，假发并不是女性的专利，男性也可以使用。

　　除了发髻之外，这一时期的发型还有鬟，如双鬟、扫闹鬟等。一般而言，年轻的、未婚女性使用鬟的较多。发型的改变，也代表着女性身份与年龄的变化。在唐代，一名女性在其幼年时期，可以梳双鬟，也可以梳双髻。到了成年以后，则多梳双

阿斯塔那古墓群出土唐代假发

唐代万泉县主薛氏墓壁画《双鬟侍女图》

鬟,而不再使用双髻。出嫁之后,则再把双鬟改为少妇或高耸或低垂的合拢型发髻。

与发型摇曳多姿相配合的,是发饰的多样与精美。这一时期女性的发饰可按材质分为两大类。一类是传统金、银、玉、木制作而成的簪、钗、步摇、梳篦 [bì] 等。其中,梳篦是这一时期出现的比较独特的发饰之一。梳背宽阔且雕有精美花纹的梳子,常常被女性插于发髻之中,是当时女性喜爱的装饰风格,有时甚至到了满头尽插小梳子的地步。另一类是制作精美的花冠。这种头饰在唐后期曾风靡

唐代鸳鸯海棠纹玉簪饰

唐代鎏金菊花纹银钗

唐代金梳背

一时。唐代的女性在穿着上文我们提及的胡服——回鹘装时，就会佩戴这样一个花冠。这一花冠一般被称为"回鹘冠"。回鹘冠一般为桃形的金制花冠，上面缀以珠玉和凤

鸟作为装饰。除了回鹘冠外,还有碧罗冠、芙蓉冠等名目。当然,这些花冠的制作材料都极为昂贵。因此,其流行范围也仅局限于宫廷、贵族之间。

与男子使用簪、钗简单地固定发髻所不同的,是女性发饰的繁复。唐代女性,特别是贵族女性喜爱将头饰层层叠插于头发之上,以显示妆容的华丽与仪态的高贵。这样的时尚风气在上层社会弥漫的速度很快,以至于文宗不得不在大和二年(828)专下诏书禁止公主"广插钗、梳"。

除了金银发簪之外,唐女还喜爱将鲜花插于头上,称

唐代周昉《簪花仕女图》

之为"头花"。我们今日在许多唐代画作之中,都可以看到这样插花的女性形象。其中最为著名的当属李昉的《簪花仕女图》。结合诗文我们可以看到,牡丹、荼蘼花、山茶花等都是唐女偏爱的花形,而颜色则以红色为佳,白花也时常可以看到。

三、柔荑凝脂:手饰

有人说,手是女人的第二张脸。这种说法虽然夸张,但也说明了手是评价女性整体美感的重要标准之一。因此,古今中外的女性对于手部的装饰与保养都极为重视。

（一）护指与染指之风

　　细白柔嫩的双手一直是我国古代对女性整体容貌的考量标准之一，也是文人墨客竞相咏叹的对象。这种对女性手指的欣赏，直到唐代也一直存在。如唐人韩偓就曾专门作《咏手》一诗，其文曰："腕白肤红玉笋芽，调琴抽线露尖斜。背人细拈垂胭鬓，向镜轻匀衬脸霞。"由此可见，手指的美感除了需要细白柔嫩之外，还要纤长与柔美。为了提升手指的长度，女性经常采用的是蓄甲的方法。但在宋之前，女性蓄甲也不会超过一定的长度。如唐宋时期，女性所蓄指甲不过数分而已。但到了明清时期，则有长达数寸指甲的出现。指甲留长之后，就需要精心的呵护，防止其断裂。在这样的需求下，就出现了一种保护指甲的指套，也就是"护指"或是"义甲"。最初制作护指的材料非常简单，随后开始使用金银等贵重金属。护指也就逐渐淡化了保护指甲的功能，而成为一种专用的装饰性物品。唐代护指的实物至今未有出土，但在今天陕西西安的一座隋代墓葬中，出土了10枚银制护指，其基本造型是在指环的一段延伸一个银质指甲。在使用时，正好可以罩住指甲。

除了使用护指外，古代女性还经常将指甲染成各种颜色。这种改变指甲本身色彩的妆饰行为，在今天依旧十分流行。需要指出的是，染指甲的习俗最早起源于何时还未有定论，但可以肯定的是，至晚到唐代，染指甲就已经十分流行了。但由于受到材料的局限（多为自己制造，以凤仙花为主），这一时期女性染指甲的色彩只能局限于红色。这一点在唐代文人的文集与诗歌中也有所体现，如"十指纤纤玉笋红"等。

（二）戒指

戒指又称指环、约指、代指等。早期的戒指多是以动物骨骼或石材制作而成的，而后金、银、玛瑙等贵重材料也开始被用以制作戒指。根据相关古籍，唐代男女都佩戴戒指，多为玉石制作而成，并且成为男女之间定情、订婚时所必不可少的信物。

（三）腕（臂）饰

一般而言，腕饰指的就是我们所说的手镯。手镯之名在中国出现得很晚，大约是在宋代以后，"手镯"的名称才逐渐确定下来。但是，手镯之实则在新石器时代就已经

唐代金臂钏

出现了。最初,我们将手镯称之为"环"。到了隋唐时期,随着"臂钏"的出现,"环"和"钏"就开始通用。如太宗徐贤妃曾作诗曰:"腕摇金钏响,步转玉环鸣。"其中的"金钏",显而易见就指的是手镯。二者虽然名称相通,但细究起来,还是有些许的差异。钏是可以调节的,因此在制作的过程中多采用金、银等金属材质。环(手镯)则不强调调节,一般都是固定大小的,因此制作材料既可以是金属,也可以是玉石等硬度较大的物质。唐代手镯的制作工艺十分精巧,样式也极为多样,甚至还出现了用琉璃制作手镯的时尚风潮。与腕钏相似的饰品还有臂钏,是套在手臂上的一种装饰品。

第四节　织染工艺

唐帝国服装的绚烂与多彩，是与纺织技术水平的不断提升密不可分的。在继承前代优良传统的基础上，唐代纺织品在织法、着色等工艺上都有所突破，织品的图案更加精美，颜色也更加多样。特别是对西亚、波斯等地区审美情趣的吸纳，使得当时的织品呈现出多样的艺术风格。唐代的纺织品，就实物而言，以今天新疆阿斯塔那古墓群和敦煌遗址的发现最为集中。因此，我们就以这两地为主要依据，来探讨一下唐代织染技术的发展。

一、织造工艺

从敦煌遗书和出土实物我们可以得知，唐代的纺织品原料以丝、麻、毛为主，其中又以丝织品和麻织品最为普遍。而最能反映纺织技术水平的，还是丝绸类的产品。这类产品纹饰多变、品种多样，按织法可以分为平素类丝织品和显花类丝织品两大类。

在敦煌文献中，平素类丝织品的种类有绢、绸、练等。

这类丝织品往往都是以平纹组织,是一种较为粗糙的纺织品。为了增加其美感,往往对其进行染色。仅绢一类,就有红、绯、黄、绿、紫等多种色泽。尽管平素类丝织品的色泽十分艳丽,但与显花类丝织品相比,还是逊色不少。

显花类丝织品在唐代包括绫、绮、罗、缂丝、锦等几个大类。其中锦是古代多彩织物的代表作,也是一个时期纺织技术高下的代表。与其他纺织品不同,锦的花纹是在织的过

出土唐代麻布

唐代张萱《捣练图》

程中，依靠经线或纬线的色彩，以重经或者重纬的手法来组织起花的。也正因为如此，锦可以分为经锦和纬锦两种。经锦是依靠经线起花，是唐以前主要的织锦工艺。到了唐代，在吸收西亚毛纺织物技术的基础上，开始逐渐使用纬线起花法，也就是纬锦。由于纬线不必事先固定于织机之上，因此在织的过程中可以随时、随意地添改颜色。这就使得织出来的锦颜色

出土唐代墨绿地狩猎纹印花纱

出土唐代小团花锦

更加多样炫目,花纹轮廓更加复杂且清晰。也正是因为纬线起花法的种种优势,自初唐以后,我国就逐渐放弃了原先的经线起花,改用纬线起花的方式了。此外,缂丝也是非常值得我们注意的一种多彩织物。缂丝,又有"刻丝""尅丝"等别称,有着"一寸缂丝一寸金"的赞誉,是宋元以后皇家御用织品之一。"缂丝"之名在宋代才正式出现。但是在敦煌藏经洞中,已经发现了与后来缂丝概念相符的织品实物。只是与后期相比,此时缂丝织品的牢固程度还略差,因此只能当成装饰性物件使用。据此,我们可以说,缂丝技术的出现不晚于公元7世纪。宋代缂丝工艺的成熟,离不开唐代工匠们的创造与发展。

二、着色工艺

除了使用纺织技术使织物更加炫目之外,唐人还利用各种方法在纺织品上直接印花或是彩绘。仅名目就有印金、银泥、彩绘和染缬 [xié] 等。其中,染缬是这一时期最主要的印花方式。

染缬在唐代可以细分为很多种类，包括蜡缬、绞缬、灰缬和夹缬。

蜡缬。蜡缬染法首先是用蜡在织品上进行图案的描绘，然后用颜料进行浸染，最后加热去蜡，形成花纹。在唐代，劳动人民就已经开始使用模板进行套染了，这样染出的织品色彩多样。就今日我们可见的唐代蜡缬染法染出的织物而言，图案多呈宝相、团花、雁鸟状。我们今天在贵州一些少数民族地区或是旅游景区，还能看到使用蜡缬染法印染而成的蓝靛白花土布。

绞缬也就是我们民间所通称的"撮花"，主要是通过把织品部分缝合的方式，防止染色、串色的印染方法。这样印染处理后的花纹，可以达到一种由浅到深自然晕染的效果。

灰缬。武敏先生在《吐鲁番出土丝织物中的唐代印染》一文中，介绍了一种使用碱剂防染的印花法。而灰缬就是对这一染法的俗称。

夹缬。开始于盛唐中后期开元、天宝年间。它是用两

出土唐代棕色地印花绢

块雕刻有相同花纹的木板夹住织物，然后进行印染。在多次进行夹缬套染之后，我们可以得到多彩的夹缬染品。关于夹缬染品的实物，在今天敦煌地区屡有发现，花鸟是最为常见的花形。夹缬染法在中晚唐时期还向外传播到了日本，如今日本正仓院中还藏有唐代夹缬染法染成的琵琶袋实物。

除了纺织、印花外，刺绣也是这一时期用以使纺织品显花的重要手段。刺绣技法在唐代得到了极大的发展，改变了以往以锁绣为主、罕见平针的局面，出现了直针、套针、戗针等多种针法。加之晕色技术的全面成熟，使得这一时期的绣品更加精美。总而言之，唐代是我国纺织印花史上的转折期。在唐以前，纺织印花技术逐步形成，而在唐以后则全面趋于成熟。

第二章

民以食为天

丰富多彩的大唐饮食文化

中国人讲究饮食，不单单只是解渴充饥、填饱肚子那样简单。国人不仅在饮食的内容与造型上追求极致的精细与完美，形成中国菜特有的色、香、味并存的评价标准，而且将其与人生观、世界观相联系，是生存哲学与审美情趣的升华与外在表现。所谓"饮德食和，万邦同乐"就是国人对饮食文化的最高追求。当然，在饮食文化的背后，一定是有着丰富的饮食资源为基础的。对于唐人来说，便利的交通条件、辽阔的疆域以及与周边国家的良好互动，都使得这一时期成为外来物品来华最为频繁的时代。这些充满异国风情的饮食，在与中国本土化饮食的碰撞中激发出了最为耀眼的光芒。在这一章中，我们就着重来看看唐代人是如何来吃，吃的是什么。

第一节 主食

一、粉类食品

　　这里所说的粉类食品，是指那些需要将原材料打磨成粉状以供食用的食品。在唐代，能够以粉状出现的食品原材料以麦类为主。也是在唐代，麦类作物开始超越粟米，成为人们饮食生活的主要来源。这一时期的麦类作物主要有小麦、大麦和荞麦。这些麦类作物被研磨成粉后，人们利用其加水之后的柔韧性和延展性，制作出种类繁多、口味独到的面食。这既满足了人们果腹充饥的需要，又提高了人们日常生活的品质。因此，粉类食品在这一时期极受大众欢迎。

　　在众多粉类加工品中，"饼"是唐人主食的主要构

出土唐代花式点心

成。"世重饼啖",就是对这一饮食情况的真实反映。现今流传的与"饼"相关的名目数量,

出土唐代陶磨等用具

也可以加以佐证。在唐代,饼的种类很多,几乎所有成形的面食,都可以称之为"饼"。仅就传世文献中记载的名目而言,就有胡饼、蒸饼、煎饼、汤饼、索饼、糖脆饼等几十种。在这些种类繁多的饼类之中,唐人日常最常食用的是胡饼、蒸饼、煎饼和汤饼。

(一)胡饼

胡饼是一种烤制而成的面食,为了增添口感,胡饼在制作过程中还常常加入芝麻,因此也被称为"胡麻饼"。胡饼的口感很好,白居易《寄胡饼与杨万州》一诗中所说的"面脆油香"就是对这一食品口感的直接描述。也正因如此,胡饼自汉代传入中原地区之后,就成为普通大众所喜爱的食品。到了唐代,更是成为人们日常生活中的主要

出土唐代宝相花纹月饼

主食种类。所谓"时行胡饼,俗家皆然"说的就是这样一种常态。

也正是由于唐人对胡饼的喜爱,胡饼在这一时期又增加了新的品种——带馅料的胡饼。根据笔记小说《唐语林》中的记载,当时的豪家会制作一种名为"古楼子"的胡饼。具体的制作方法为先"起羊肉一斤,层布于巨胡饼,隔中以椒、豉,润以酥",然后放置于炉中烤制,等到羊肉半熟之时就可以食用了。用一斤羊肉做馅料制作的胡饼,可见体形是十分巨大的。这样巨大的胡饼,在唐代的边疆地区也很常见。如在敦煌文书中我们能够看到"面四斗造胡饼八十枚"的记载,按今天的换算方法,一斗约等于 6 公斤,24 公斤做 80 枚胡饼,每个胡饼用面量高达 0.3 公斤。可见,这个胡饼的尺寸必然不小。巨胡饼的实物我们今天也能看到,在今新疆吐鲁番阿斯塔那墓曾出土过一枚直径接近 20 厘米的胡饼。虽然胡饼的主要制作手法是烤制,但也有例外。

如皮日休《初夏即事寄鲁望》中"胡饼蒸甚熟,貂盘举尤轻"的胡饼,就是蒸制而成的。

(二)蒸饼

与胡饼一样,蒸饼是在汉代就已经出现的食物。在唐代,通过蒸制而成的面食都可以统称为蒸饼。例如,我们今日所吃的馒头就是蒸饼的一种。除了不添加任何配料而成的蒸饼以外,唐代的蒸饼还可以加入馅料或是佐料进行调味。根据宋人张师正《倦游杂录》中的记载可知,唐人将这种加入馅料的蒸饼也叫作笼饼,也就是我们今日的包子。《御史台记》中就记载了

唐代万泉县主薛氏墓壁画《端馒头男侍图》

武则天统治时期，侍御史侯思正十分喜爱吃笼饼，并且专门嘱咐制作笼饼的下人，少放葱，多放肉。因此被当时之人戏称为"缩葱御史"。此外，唐人文献中所记载的"馒头"，也是一种加馅料的食物。如《清异录》中就记载唐德宗喜爱吃"用消熊、栈鹿为内馅"的"出尖馒头"。其中，"消熊"指的是熊白，就是一种从熊脂肪中提炼的食物；而"栈鹿"则是指那些精心喂养长大的鹿。除了加入馅料之外，唐人段成式在《酉阳杂俎》中还记载了一种用猪油和面蒸制蒸饼的手法，其比例为"用大例面一升，练猪膏三合"。

蒸饼在唐代极为流行，既是普通百姓日常的主食，也深受统治阶层的喜爱。《朝野佥载》就记载了武周时期，张衡因在马上吃蒸饼而遭到御史的弹劾。白居易在《社日谢赐酒饼状》中也提到了蒸饼，可见皇家也是食用这一食品的。

（三）汤饼

唐人的汤饼可不是水煮面饼，而是指我们今日的面条或面片。根据宋人欧阳修的记载，唐人还将其称为"馎饦"。在文献中也有"不托""索饼"等别称。唐代汤饼虽基本形制与南北朝时期无异,但花样有所增多。如《金华子》中记载的"脂葱杂面馎饦",韦巨源《烧尾宴食单》中的"生进鸭花汤饼",还有用以疗疾的姜汁索饼、羊肉索饼,等等。《新唐书》还记载了王皇后在玄宗生日之时,做"生日汤饼"进献。可见,至晚在唐玄宗时期,就已经形成了过生辰吃汤饼的习俗。这与我们今日食长寿面有异曲同工之妙。

汤饼一般都是和汤同食。为了解决夏日食用的问题,唐人还发明了冷面——"冷淘"。冷淘与馎饦大体一致,所不同的就是二者一冷一热。唐代的"冷淘"种类也很多,如以槐树叶制作的"槐叶冷淘",以绿豆粉制作而成的"绿豆冷淘",等等。有关于冷淘的制作与口感,我在这里仅引杜甫《槐叶冷淘》一诗加以说明:"青青高槐叶,采掇付中厨。新面来近市,汁滓宛相俱。入鼎资过熟,加餐愁欲无。碧鲜俱照箸,香饭兼苞芦。经齿冷于雪,劝人投此珠。"

唐代饼食名目极多,上文我们仅仅是就其中较为普遍的三种做一解释。

唐代的面食虽以饼为主，但还有一些其他的花样面食，也是值得我们了解的。其中比较重要的有馎饦、糕、馄饨、饺子。

（四）饆饠 [bì luó]

饆饠也称毕罗，是唐代才从西域传到中原地区的一种带馅料的面食。这种面食一经引入，就风靡了整个大唐帝国，成为街头巷尾均可寻到的美食。售卖饆饠的店铺成为人们日常饮宴的极佳去处。饆饠的馅料很多，客人可以根据自己的不同口味来进行挑选。简单而言，馅料可为肉类，如《岭表录异》中记载的"蟹饆饠"；可为水果馅，如《酉阳杂俎》中记载的韩约就能制作樱桃馅的饆饠；也可以是蔬菜馅，如《北梦琐言》中的"苦荬饆饠"。根据文献的记载，那些开设在长安城内的饆饠店，其售卖的方式似乎是以斤两作为单位的，《酉阳杂俎》载"与客食饆饠计二斤"就是其中一例。饆饠的具体制作手法和形式究竟为何，今天还没有定论。但徐海荣先生认为，所谓饆饠，就是今日的锅贴。

（五）糕

糕是一种用麦面或者米粉制成的较为精美的食物。帝王常常以此来作为赏赐臣下的物品，如《类说》中就记载了唐玄宗以"金盘盛新糯米糕糜赐之"，《全唐文》中也收录有常衮的《重九谢赐糕酒等状》。对于普通百姓而言，糕则在特别的节日才能吃到。根据古籍中的记载，唐人在正月十五时要吃玉粱糕，四月初八也要吃糕糜。其中，最为重要的则是在九月初九重阳日时吃重阳糕。重阳糕即为汉代的蓬饵，自汉以来就作为重阳节的时令食品。有关唐时之重阳糕的具体形状未有记载，仅《太平御览》卷三二引《卢公家范》言："凡重阳日，上五色糕，菊花枝，茱萸树，饮菊花酒，佩茱萸囊，令人长寿也。"

除了这些赏赐、时令节日用的糕糜之外，唐人对日常的糕食也每每推陈出新。如韦巨源《烧尾宴食单》中的水晶龙凤糕、紫龙糕、花折鹅糕，其中水晶龙凤糕使用的是枣与米粉，须蒸开花之后才能吃。到了五代十国时期吃糕的风气依旧未减，甚至还出现了专门做糕的作坊。根据《清异录》中的记载，这些糕坊中的佼佼者，收入是相当可观的，以至于在显德年间,还出现了糕坊主捐官为员外的事情。

(六)馄饨和饺子

馄饨也是唐代极为常见的包馅面点,食用的人群范围极广。僧侣、官员、百姓都时常食用馄饨,所不同的只是馅料的内容和制作的精巧程度。唐人所食用的馄饨与今日基本无异,制作手法也十分精巧,甚至形成了品牌化的效应。如《酉阳杂俎》中记载的名食中,就有"萧家馄饨",其特点在于"漉去肥汤,可以瀹茗"。

今日饺子的名称是在宋代"角儿"的基础上发展而来的。在唐代是没有"饺子"这个专属称谓的,但饺子的实物则已经在唐时出现了。今新疆阿斯塔那墓葬群就曾出土了小麦面制作而成的饺子,其形状与今日一样,皆为月牙形,现

出土唐代馄饨

出土唐代饺子

藏于国家博物馆中。据王赛时先生的推测，饺子与馄饨皆流行于唐代，但饺子最初只是馄饨的一个副产品，并不独立成名。直到宋代以后，饺子才与馄饨相分离，成为独立的食品种类。

二、粒类食品

除了碾磨成粉外，所有的谷米类食品都可以算作是粒食。粒食是人类最初的饮食方式，其历史远远早于面食。虽然面粉在唐代已经逐渐占据了饮食领域的一席之地，但传统的粒食仍然保持着强势地位。直到今日，我们所吃的饭、粥等都属于粒食的范畴。其中，饭的种类最多，凡是将未碾碎谷物整体蒸熟的食品，唐人都将其称之为"饭"。唐人食用的饭，有日常的粟米饭、稻米饭、黍米饭，有特殊的雕胡饭，有养生成仙的青精饭和胡麻饭。

（一）粟米饭

粟米即我们今天的小米，小米饭在今天的山陕地区仍然存在。就我们可以看到的文献而言，唐代食用粟米饭的，大多数是普通百姓。即便有官员，也是作为其生活清俭的表现之一。如隋末逐鹿中原的枭雄窦建德，史称其"常食

出土唐代谷子

唯有菜蔬、脱粟之饭"。又如《卢氏杂说》中记载郑馀庆生活清俭之时,所举的例子就是郑公宴请宾客时,每人仅提供"粟米饭一盂,烂蒸葫芦一枚"。

  黍在唐代也属于粟类粮食,黍米一般是指大黄米。大黄米具有黏性,是当时种植较广的作物之一。唐人将黍米蒸制而食的记载很多,如贯休《春晚书山家屋壁》中"柴门寂寂黍饭馨"、白居易《偶吟二首》中"厨香炊黍调和酒"都是对日常食用的黍米饭的描述。除了黄黍外,唐代还有黑黍、赤黍和白黍。黑黍一般产自上党地区,除了食用、酿酒之外,黑黍秆还被作为定律历的度。赤黍又称为红黍、丹黍、红莲米等。从韦庄"主人馈饷炊红黍,邻父携竿钓紫鲂"的诗句中就可以推知,赤黍当是此时普通人家的主食之一。

(二)稻米饭

  隋唐五代时期是我国水稻产量和种植面积不断提升的

时期。在这一时期，稻米的总产量超过粟麦，占据主粮的首位。特别是在安史之乱以后，稻作技术的不断提升和南粮北运历史的开端，都使得稻米成为中晚唐社会的主要粮食。稻米饭也同时成为唐人的主要饭食。唐人在食用稻米饭时，往往还要佐以菜肴。这与我们今天的饮食方式几乎一致，如白居易有诗云："水餐红粒稻，野茹紫花菁。"南方以鱼配饭的做法，在此时也得到了大众的认可和喜爱。白居易在另一首诗中就体现了稻米饭与鲜鱼相配的吃法，其曰："红粒陆浑稻，白鳞伊水魴。庖童呼我食，饭热鱼鲜香。"

（三）雕胡饭

雕胡饭是用雕胡米蒸煮而成的。雕胡米就是我们所说的菰米。菰是一种水生草本植物，因此在南方地区极为常见。菰米就是菰所结的籽。菰米虽一直都未人工种植，但因为它本身容易掉落，便于收集，因此在很长一段时间都是南方地区的粮食资源之一。到了隋唐时期，菰米虽然不再是主粮，但在一些山野乡间，仍旧会有穷人或怀旧之人捡拾积攒。李白就曾在山下一位老媪家吃到过这种饭食，还作诗以为纪念："跪进雕胡饭，月光明素盘。"雕胡饭的特点，据说是香、软、滑腻。但就是这样一种待客的上品，到了宋代以后却逐渐消失了。唐代诗人的咏叹，可以说是雕胡米最后的绝唱。雕胡米的消失，源于在宋代以后菰普遍受到了黑穗病菌的侵袭。在感染这种病菌之后，菰就不再结籽，而是内茎不断膨大而结成笋状结构。这种笋状结构的食品，我们今天也还在食用，其名称为"茭白"。

（四）青精饭和胡麻饭

青精饭和胡麻饭都是唐代道教徒用以养生的主要饭食，因此，我们在这里就合并而论。

青精饭又称乌米饭，是产生于盛唐时期的饭食。根据唐人陈藏器的记载，青精饭的制作方法是把粳米浸泡在南烛树茎叶捣出的汁液中，在经过"九浸九蒸九曝"之后，使得米粒紧小色黑。南烛树属于杜鹃花科，今日江苏、浙江、江西一带将其称之为乌饭树。中医认为其茎叶有强健筋骨、明目、益气的功效，长久服食可以达到轻身养颜、生津耐饥的效果。因此，唐人把吸收了南烛汁液的粳米当成食疗补益的佳品。杜甫就曾作诗云："岂无青精饭，使我颜色好。"但需要注意的是，青精饭因其制作工艺烦琐和所需的原料、配料价格不菲，并不是一般道教徒所能享用的物品。

胡麻饭。胡麻虽然主要是作为油料作物出现，但唐人认为其具有"补五内，益气力，长肌肉"的功效，久服之后可以"轻身不老，明耳目，耐寒暑"和延年益寿。在唐人所作的笔记小说中，因食用胡麻饭而得道成仙的记载很多。因此，胡麻饭在唐代的主要食用人群是道士，是唐人心目中的山林之食。

除了饭食之外，谷物在此时还往往被熬煮成粥，是唐人普遍食用的辅助性主食。粥的种类在唐代也很多，如饧粥、乳粥、豆沙加糖粥，等等。粥品在唐代之所以兴盛，一方面是因为与饭相比，粥用米少而饱腹感强；另一方面，是因为唐人认为日常食疗和调理病人当以粥为佳，这与我们今天的观念如出一辙。

由此我们可以看到，唐人的主食包括粉类食物和粒类食物两种。其中，粉类食物以饼为重，粒类食物以饭为先。但在饼与饭的基础之上，都涌现出许多花样，推出了适合不同人群和需求的不同品种，极大地丰富了唐人的日常饮食。

第二节 副食

一、蔬菜

中国人自古就十分重视蔬菜在食品中的地位，我们平日所说的"饥馑"中的"馑"就是指蔬菜的歉收。唐代虽然国力强盛，社会富裕程度较高，但对于普通百姓而言，"日暮两蔬食"和"尽日一食菜"仍旧是生活的主旋律。

唐代是我国原始蔬菜品种进一步优化，引入品种进一步驯化，新品种进一步开发的时代。人们利用各种有利条件进行蔬菜栽培，园圃种植得到了极大的发展。就种类而言，孙思邈《备急千金要方》中记载了可以食用的蔬菜40余种。根据农书《四时纂要》的记载，我们可以知道，唐代的蔬菜主要有葵、萝卜、蒜、韭、瓠[hù]、胡荽、莲藕、苜蓿、莴苣、牛蒡、蜀芥、薤[xiè]、冬瓜、薯蓣等35种。此外，旱芹、菠菜等外来菜品也在这一时期传入中原并得以普及。下面主要对这一时期的外来菜品做一简单的介绍。

（一）莴苣

莴苣原产于西亚地区，在隋代被引入中国，在唐代得到了进一步的普及。

（二）茄子

有关茄子的起源问题，学术界仍有争论。一般认为茄子原生种发源于印度及其周边地区，但随着近年来科考工作的进行，在我国云南省西南部和南部地区也发现了大量的原生茄子。而李家文先生则认为我国的茄子来源于越南和泰国一带。不论我国的茄子来源于何地，茄子的种植在唐五代时期发展极快是毋庸置疑的。唐代《种树郭橐驼传》和《四时纂要》中都有种植茄子的方法，且唐人还在原先方法的基础上进行了创新。根据《酉阳杂俎》的记载，在唐代自新罗（今朝鲜半岛）输入了茄子的新品种，"色稍白，形如鸡卵"。这一品种在宋代得到了广泛的推广。

（三）波棱菜、酢菜、胡芹和浑提葱

由于它们均为贞观二十一年（647）来华的异国贡品，因此在这里一并论述。

波棱菜即今日之菠菜，在贞观二十一年由泥婆罗国（今尼泊尔地区）进贡。尼泊尔地区是中印文化交流的重要门户。但印度地区并不是菠菜的原生地，美国汉学家费劳尔引用其他学者的观点认为印度的菠菜来自于近代英国对其的输入，并指出印度植物学家也将其归入英国蔬菜当中。现代研究表明，菠菜的原产地在今天的伊朗地区。菠菜在进入我国之后，因为其耐寒易栽培的特点而得到了迅速的推广，在唐代，人们就已经知晓了菠菜的各种习性及功用，并总结出了它在饮食上的优劣与禁忌。

酢菜。我国古代也将蒩称为酢菜，今日四川仍将腌制的芥菜称为酢菜或榨菜。根据史料记载，自唐代才开始频繁出现的白芥应该就是贞观二十一年泥婆罗国进献的酢菜。

胡芹。芹菜并不是我国的原生蔬菜，一般观点认为芹菜是由高加索地区即中亚传入我国的。我国南方地区也有

本土生长的水芹。胡芹（旱芹）在唐以前就传入了中原。但贞观二十一年传入中原的胡芹，却不是以往文献中的旱芹，而是一种全新的物种——牛蕲[qí]。根据《通志》的记载，牛蕲俗称胡芹，是一种"与芹同类而异种"的植物，且与水芹等植物一样，牛蕲的茎、叶中都含有挥发性油质，这种油质有辛香味，可以用来调味。

浑提葱。浑提葱只出现在贞观二十一年西域进献奇异物品的记载中，而未见于其他文献。其名称、读音与玄奘在《大唐西域记》中所载的一种名为"荤陀菜"的植物极为相似。劳费尔认为"荤陀菜"或许与浑提葱有关联。根据季羡林先生的研究，"荤陀菜"是甜菜的一种。而甜菜的确非我国原生物产，关于其原产地众说纷纭，莫衷一是。但大多数学者认为，其原产于地中海沿岸及西亚地区。就其传入途径而言，确实符合"西域而来"这一记载。

二、肉食

唐代肉食的供应量与今日相比十分有限，普通百姓在日常饮食之中仍少有食用的机会，食肉者大多集中于富裕阶层。但可以肯定的是，与前朝相比，唐代的畜牧业得到

敦煌壁画《唐代屠房》

了极大的发展，养殖技术也有所提升，一些畜禽的品种得到了优化。这就使得这一时期肉食比重在人们的日常生活中有所增加。就种类而言，畜肉、禽肉、水产品都是唐人所食之物。

（一）畜肉

牛、羊、猪等畜肉在唐代得以增加的主要原因，在于唐朝政府对国有牧场的大力建设。根据文献的记载，唐代在全盛时期，仅陇右的国有牧场就有60万~100万头的牛、羊、马等。

羊肉是唐代最为重要的肉食品种，为了保证官府和皇家的羊肉供应，唐政府专门在同州沙苑设立了养羊机构沙苑监。不仅如此，唐代还培育出了一大批优良的羊种，如同州羊、河西羊、濮固羊，等等。"肥羊美酝"是当时最著名的美食。羊肉在唐代的食用方式很多，炙烤、清蒸、卤煮、做羹都是极为常见的烹饪手段。唐人爱吃羊肉，不仅因其味道鲜美，更是因为羊肉是当时公认的滋补佳品。为此，唐代的食疗专家还以羊肉为主要材料，制作出了许多食疗食品。如《食医心鉴》中就记载了羊肉索饼的制作方法，其文云："羊肉四两，作臛；面半斤。佐溲面作索饼，和臛调和，空心食之。"这样制作而成的索饼，具有治疗"头重目眩、四肢烦疼"的功效。

牛肉是唐人心目当中的佳品，因此王昌龄才会发出"何必念钟鼎，所在烹肥牛"的赞叹。虽然在唐人的笔记小说之中，南北方均不乏嗜食牛肉之人，但牛在古代农耕社会属于主要耕种工具，是比较特殊的一种牲畜。因此，很多人都提出要禁止食用牛肉。在这一时期的文献中，我们也可以看到很多因为吃牛肉而遭到报应的记载。如《大慈恩寺志》中记载了一个士人因为爱吃牛头而遭到了烂足而亡的报应。我们今天不必去探究这些故事的真伪，但可以从中体会到当时人们不敢吃牛肉的一种心态。

猪肉是今日汉族最常食用的肉品，但在唐代，人们特别是士人对待猪肉的态度与今日相差甚远。唐人一般认为猪肉不是一种优良的食用肉类。杜牧在写给一位亡人的墓志铭中就这样评价猪肉，他说猪肉吃多了以后，会"闭血脉，弱筋骨，壮风气"，喜欢吃它的人一般都会得风病。风病是什么呢？就是我们今天说的高血压。这种食用太多油腻食物会造成血压升高的看法，在今天看也是有一定科学依据的。但这并没有阻挡住人们特别是普通百姓对于猪肉的追捧，就连讲究养生保健的上层人士，猪肉也逐渐成为其饮食中的佳品。如韦巨源在举办"烧尾宴"时有一道叫作"西江料"的菜品，其实就是蒸制而成的猪肉碎末。可以说，唐代是猪肉在饮食比重中发生转变的一个时期。在此之前，中国人重羊轻猪；在此之后，猪肉逐渐占据了肉食的首位。

除了羊、牛、猪之外，驴、马也是唐人经常食用的肉品。狗肉在经过几个世纪的风光之后，在此时已经逐渐退出了主要肉食行列，食用者主要集中在少数民族之中。

（二）禽肉

唐代的禽肉一般都来自于家禽，同前代一样，这一时期所饲养的家禽主要集中在鸡、鸭、鹅三类。

鸡肉是这一时期最受欢迎的禽肉。养鸡可以达到肉、蛋双收的效果，因此一般的唐人家庭均会零散地饲养。而且在唐以前那种以烹鸡待客作为小气代言的观念，在这一时期也发生了转变。唐人是喜爱吃鸡的，在现存的唐诗中，我们每每可以看到村酒鸡黍的描述。对于普通百姓而言，鸡肉的易得也使其自然而然地成为农家待客之首选。此外，唐人还培育出了一批优良鸡种，如乌鸡、黄鸡和赤鸡。唐人认为这些鸡种具有极高的药用养生价值。比如《食医心鉴》中就记载了诸如炙黄雌鸡、丹鸡索饼、乌雌鸡羹等养生食谱。这种鸡肉养生的观念，也进一步推动了唐人食鸡肉的风气。

除了鸡肉外，鸭肉、鹅肉在这一时期也很受欢迎。军中名菜"浑羊殁忽"就是用羊肉和鹅肉制作而成的，其制作方法十分复杂：首先将鹅宰杀干净，用五味调和的肉和糯米饭进行酿制。然后再宰杀一头羊，将之前酿好的鹅放入羊肚内。最后缝合羊肚，进行炙烤。等到羊肉烂熟之后，将羊肚内的鹅取出食用。可见，唐人烹制禽肉的技法已臻于成熟。

（三）水产

与今日相比，唐代的水资源要更加丰富。不仅南方地区湖泊星罗棋布，就连北方也往往水道交错纵横。这就为唐人食用水产品提供了极为便利的条件。不仅自然条件优良，唐人的淡水养殖技术也有了长足的进步。因此，食鱼、钓鱼成为唐人的一大乐事。"湖鱼香胜肉"是唐人对于水产鱼族最高的评价。与今日不同，唐人食鱼以鱼脍与鱼羹为佳。鱼脍是切成细丝的生鱼肉，与今日的日本刺身相类似。在食用鱼脍时，唐人还十分讲求颜色的搭配。比如唐代的名菜"缕子脍"，就是以鲫鱼肉、鲤鱼子搭配碧荀或是菊苗。翠绿、金黄与幼白的色泽搭配，使人有清爽、洁净之感，不免食欲大增。而鱼羹则将鱼肉的鲜香与粳米的稻香进行了最大限度的融合，因此也得到了唐人的青睐。

虽然食鱼之风已经遍及南北，但食鱼的主力军还是南方人。南鱼北肉仍旧是这一时期乃至今日南北饮食差异的表现之一。唐代皇帝以李为姓，李、鲤同音，因此，唐代官方是不允许百姓随意捕食鲤鱼的。

除了鱼之外，虾、螃蟹、蛙、鳖也都是这一时期主要的水产品种。而蛤蜊、比目鱼、乌贼等海产品，则是南方人喜爱的美食。因其运输困难，因此北方仅有皇家能以土贡的方式，尝到这些来自海洋的美味。

三、果品

由于城市经济的不断发展，唐代果品交易也日渐活跃，进一步刺激了果品种植业的发展。这一时期，不仅传统的果品有了进一步的优化与分层，而且还引入了不少域外新奇果品，加之对以

唐代房陵大长公主墓壁画《托果盘侍女图》

新疆出土唐代杏核

往引进果品的进一步推广,极大地丰富了唐人可食用的果品种类。

这一时期,不仅梨、李、柰等中原传统水果的种植面积进一步扩大,而且还培育出了一些优良的品种。以柑橘为例,巴蜀地区、洞庭湖流域以及江南地区都是唐代重要的柑橘产地。这里出产的柑橘品质优异,开始出现成片的橘园。这些柑橘从业者在继承前代的基础上,对柑橘品种进一步改良,开发出了一批著名的新品种。诸如乳甘(柑)、朱橘、霜橘都是唐代新培育出的品种,虽然最初是作为贡品出现,但很快就普及开来。

葡萄在这一时期也是极为重要的水果,它虽然来自于域外,但在魏晋南北朝时期就已经在北方地区得到了一定程度的栽培。但品种的不断退化使得葡萄种植业在南北朝时期一直处于不断衰退的过程之中,这样的情形到了唐代才有所改观。根据史料记载,贞观十三年(639),唐太宗命大将侯君集率军平定了高昌(今新疆吐鲁番地区)。在

新疆出土唐代葡萄

平定高昌后，引入了马乳葡萄和酿制葡萄酒的方法。直到7世纪末期，这些最初引入的马乳葡萄还可以在长安的皇家禁苑中看到。经过唐初优良品种的引进，以及南北朝时期栽培技术的积累，葡萄在开元以后就得到了普遍栽培，且在河东地区的种植初具规模。

这一时期还引入了金桃、银桃、扁桃（巴旦杏）、波斯枣、树菠萝（菠萝蜜）等域外水果。这些水果的引入，极大地丰富了唐人的日常饮食生活。

第三节　调味品

一、发酵类

我国人民很早就掌握了发酵技术，并将其运用于调制食物方面。这种以发酵品调味的饮食原则，在唐代应用十分普遍。唐朝政府专设掌醢署为宫廷制作发酵食品，其中最为重要的当属酱、醋和豉了。

（一）酱

酱在我们今天的日常饮食中经常被使用，凡是将动植物进行发酵制作而成的黏稠状食品，都可以称之为酱。由于豆类植物在酱的制作中占据绝对优势，因此，狭义概念上的酱就是指的豆酱。唐人在日常生活中经常会食用豆酱，农书《四时纂要》中就记载了诸如十日酱等多种豆酱的制作方法，其口感类似于我们今日的豆瓣酱和甜酱。最为重要的是，在豆酱制作的基础上，唐人开始提炼酱汁，也叫酱清。这是现代酱油的鼻祖，丰富了唐人的饮食生活的调味品种类。豉是一种与豆酱相类似的食品，它也是以豆类植物为原料，经过加工、发酵而成的调味品。利用豉汁来进行调味的菜品在文献中有很多，仅在《食医心鉴》中就有鲫鱼脍、青粱子米粥等。除了豆酱之外，芥菜、蒜头和葫芦等瓜菜也往往被制作成酱。酱菜是唐代普通百姓的主要副食之一，日本僧人圆仁在《入唐求法巡礼行记》中就记载了自己化缘求"酱酢盐菜"。此外，行伍之中的军人也多是以酱加米麦为食的。

比植物酱高级一些的，是用水产、畜肉制作而成的酱。在偏远的南方地区，甚至还有以蚂蚁卵作为原材料制作酱的记载。这些酱与植物酱相比，在此时并不占主流地位。

（二）醋

虽同为发酵类食品，但与酱、豉味道咸香不同，醋属于酸味食品。酸味调味品在我国出现的时间很早，至晚到了南北朝时期就已经形成了系统化的酿制技术。到了唐代，更是根据原料和工艺，细化出米醋、暴米醋、麦醋和暴麦醋等多种醋品。由于醋不仅可以提升菜品的滋味，还可以解油腻，因此是这一时期人们最为喜爱的调味品之一，特别是配合唐人喜爱的美食——鱼脍，更是在别有滋味的同时，起到了一定的杀菌、消炎的作用。

二、甜味类

饴饧（麦芽糖）和蜂蜜在这一时期仍旧是被广泛使用的甜味剂。但与以往不同的是，蔗糖在这一时期的使用比例逐步增加。关于我国人民最初制作蔗糖的年代，学术界之前屡有争论。季羡林先生在《糖史》一书中，综合了吉敦谕先生与吴德铎先生的意见，指出"根据现有的材料来看，制蔗糖的程序不外两种，一种是曝晒，一种是熬炼。……用曝煎的办法制造蔗糖可能在南北朝时期已经有了。到了唐太宗时，《新唐书》明确说，向摩揭陀学习的是'熬糖法'，是专门用煎熬的办法，根本不用曝晒的办法"。也正是从这一时期，中原地区开始了大规模制作蔗糖的历程，为蔗糖最终取代饴饧和蜂蜜成为主要甜味调味品奠定了技术基础。

除了一般性的蔗糖外，唐人还进一步加工出了石蜜和冰糖。所谓石蜜，就是在熬炼砂糖的过程中，加入奶制品，并进一步提出杂质、冷却硬化后形成的产品。而制作冰糖是于大历年间产生的一项全新的制糖技术。根据宋人的记载，这项技术最早是由一位邹姓和尚在四川一带传播开来的。

三、辛香类

与以上两种调味品不太相同的是，辛香类调味品大多是天然生长的香料，诸如胡椒、花椒、桂皮等。而葱、姜、蒜等带有辛辣气味的蔬菜，在这一时期也被归为辛香类调味品。由于辛香类的佐料在烹制食物时可以挥发出植物性香气来掩盖食品不好的味道，特别是肉食的腥、膻等不良气味，因此成为唐人制作肉食菜肴的必需品。在流传至今的唐人文献中，我们屡屡可以看到他们使用辛香类佐料烹制鲫鱼、羊肉、野鸡等肉食的记载。"佐以脯醢味，间之椒薤芳"已经成为唐人烹饪的特色。此外，辛香类调味品在中医理论中多为热性食物，因此，也常常在冬日被用来驱寒保暖。以葱、椒入酒，就是唐人暖体的最为常见的手段。需要说明的是，我们今日普遍使用的辣椒，在这一时期还未传入中国。

第四节　茶、酒及其他

一、茶

唐代是饮茶之风由江南一隅走向全国的重要时期。茶叶开始成为中国人日常饮食中必不可少的物品，"开元中，……自邹齐沧棣，渐至京邑城市，……始自中地，流

唐代鎏金飞鸿毬路纹银笼子

于塞外。"通过唐人封演的描述,我们可以清楚地看到当时饮茶之风的盛行——从南到北,从中原到边疆,茶成为无论道俗都喜爱的饮品。

在唐以前,人们将新鲜的茶叶"煮作羹饮",几乎不做加工。自唐始,茶叶开始进行深加工,一般采用的是做饼的方法,以便于储藏和运输。茶饼的制作一般要经过七道工序,即采茶、蒸茶、捣茶、拍茶、焙茶、穿茶、封茶。这些制作技巧和工具,在当时是极富创造性的,在今日也经常会被茶农使用。比如说蒸茶,蒸青技术也是今日茶叶加工过程中必不可少的环节之一,经过蒸青的茶叶降低了原先含有的苦涩味,提升醇香甘甜之感。除了茶饼之外,粗茶、散茶与末茶也是这一时

 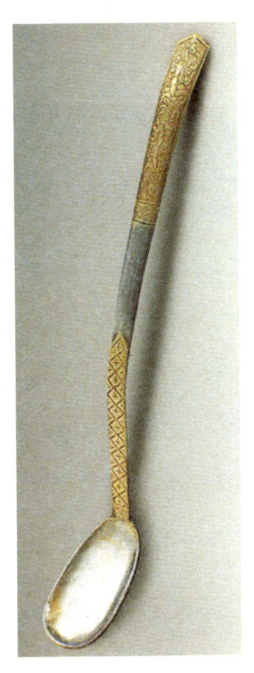

唐代鎏金摩羯纹蕾纽三足架银盐台　　　　唐代鎏金飞鸿纹银则

期并存于世的茶叶形态。

　　受前代的影响，唐人饮茶还是以煮为主。所不同的是，抛弃了以往与煮蔬菜汤无异的方法，开始在器具的选用、水温的控制以及茶汤的调和等方面，形成自己独到的规范——即茶道。今人所熟知的唐人陆羽的专著《茶经》，对煮茶的每道工序有详细的说明。在陆羽看来，煮茶最主要的就是对水的控制。陆羽认为，煮茶之水有"三沸"之说。当水中泛起如鱼眼一般的小气泡并微微有声时，为水的第一沸,此时须加入盐以调和。等到容器的边缘产生了如涌泉连珠一般的泡沫时,为第二沸。此时须舀出一瓢水待用,然后"以竹夹环激汤心",再下以定量的茶末。当水达到"腾波鼓浪"的第三沸时,用先前舀出的水平息,以便孕育茶汤的精华。

不仅如此,烤茶、煮茶时所用的燃料,也需要精心挑选。陆羽认为烤茶之火应先"用炭,次用劲薪(谓桑、槐、桐、枥之类也)"。而苏廙甚至根据燃料的不同,将茶汤

唐代鎏金团花纹银碢轴

唐代鎏金鸿雁流云纹银茶碾子

分为法律汤、一面汤、宵人汤、贼汤和大魔汤等16种。所谓法律汤就是以炭为燃料，这是茶家的法律；一面汤是指用"柴中之麸火，或焚余之虚炭"；宵人汤是以粪便为燃料；贼汤又称贱汤，是以风干的竹条、树梢为燃料；大魔汤是以燃烧时会产生大量浓烟的柴火为燃料。由此可见，煮茶是唐人茶道中极为讲究的一件雅事。

除了"煮茶法"外，唐代也开始出现一种更为简易的饮茶方式——沏茶法。这与我们今天的喝茶方法是一致的。虽然这种方法在唐代被陆羽等人讥讽为沟渠里的臭水，但其方便的饮用方式以及叶茶的出现，都使得这种饮茶方式不断发展，最终取代了陆羽所提倡的煮茶法，成为今日最常使用的饮茶方式。

二、酒

农业生产的巨大发展、商品经济的蓬勃兴起以及饮酒之风的盛行,都促使唐代酿酒技术飞速发展。按照制作人的身份和所酿之酒的用途,唐酒可以分为官酿、坊酿和家酿三个系统。

(一)官酿

官酿是官方的酿酒行为,产品主要供政府和皇家饮用。在这一时期,朝廷专门在政府机构设置了良酝署统筹京城官府的用酒。根据相关记载可知,整个良酝署共有163名员工参与酿酒活动。这种酿酒行为属于官方行为,在技术、资金等方面都有充分的供应,因此,良酝署可以根据不同的季节和需

唐代龟负论语玉烛酒筹鎏金银筒

要，提供不同种类的美酒。总体而言，主要有春暴、秋清、酴醿和桑落酒。此外，唐朝宫廷内置有内酒坊，负责宫廷用酒的酿造。

（二）坊酿和家酿

坊酿和家酿主要是私家酿酒行为，主要区别是坊酿用于出售，家酿用于自饮。由于唐代饮酒之风盛行，酒已经成为人们日常生活所必不可少的饮品，从而促使了这一时期家庭酿酒的兴盛。唐代的家酿十分发达，很多文人名流都会自己酿酒。比如名臣魏徵，他所酿的酒在当时知名度极高，甚至得到了太宗皇帝的赐名——醽醁[líng lù]翠涛。还有宰相裴度的家酿"鱼儿酒"，更是因其独特的配方和造型而名噪一时。由于家酿所酿之酒都是供自己享用，因此酿酒者对选料、酿造等整个制酒环节都精心备至，并且注意对以往经验的总结。比如，自号"五斗先生"的王绩病隐在家后亲自种植黍子，在春秋之际酿造美酒，并著有《酒谱》和《酒经》。一些具有酿酒传统的家族，更是形成了自己独到的酿酒工艺。

除了文人名流外，普通的农家也会在秋收之后酿一坛美酒，与友人"把酒话桑麻"。即便是在唐人眼中的蛮夷之地——岭南地区，也逐渐形成了符合自身区域特点的酿酒方式。

唐代酒文化的兴盛，不仅表现在全民酿酒，还表现为一批优良酒品牌的推出。其中最著名的莫过于杏花村酒了。杜牧"借问酒家何处有，牧童遥指杏花村"的诗句，更是让杏花村的美酒千古流传。在这一时期，宜城酒、醽醁酒、九酝春酒、桑落酒等传统名酒仍然流行。而酴醾酒、广陵酒、葡萄酒等新兴酒品也大放异彩。尤其是唐人还将食疗养生的观念纳入饮酒之中，于美酒之中加入各具保健效果的材料，如加入椒、柏而成的椒柏酒，加入松膏酿制的松醪酒，以及用中草药调制、具有辟邪去疾功效的屠苏酒。

三、杂饮

这里所谓的杂饮，是除水、酒、茶之外其他饮品的总称。就唐代而言，果蔬类饮品、乳制品、保健型饮品均可归为杂饮。唐代杂饮虽沿袭隋代宫廷杂饮而来，但更加多样化。这种多样化表现在三个方面，即原料多样化、制作方法多样化和制作人员多样化。

（一）原料多样化

以果蔬类饮品为例，在记载隋代宫廷生活的《大业杂记》中，此类饮品仅有乌梅浆、莲房饮、瓜饮和槟榔饮四类。唐人则将葡萄、石榴、杏仁、甘蔗等水果、坚果也纳入到果蔬饮品之列。水果饮品由于其口感独特、滋味美妙而得到世人的普遍喜爱，在唐诗之中屡屡可见时人对它的赞美之词。皇家贵族也常常将水果饮品作为日常饮品，如《白孔六帖》卷五引《杨妃外传》载："明皇移大内，张后进蔗浆。"而王维"饱食不须愁内热，大官还有蔗浆寒"一语，更是道出了达官贵人用蔗浆来调理肠胃之事。除作为皇家饮品之外，更有一些水果饮品成为唐时时令饮食中的重要组成部分，如用杏仁研磨而成的"杏酪"，就多食用于寒食节。

唐代最为独特的果蔬饮品当属从域外引进的"三勒浆"。《唐国史补》载："又有三勒浆类酒，法出波斯。三勒者谓庵摩勒、毗梨勒、诃梨勒。"可见，三勒浆为三种水果共同制成的复合型果蔬饮品。相比魏晋时期的枣籹和隋代的乌梅浆等，这种复合型饮品的口感更加具有层次性。

需要指出的是，这三种水果不仅仅可以用来制作三勒浆，也可以单独被制成饮品，如诃梨勒就可被制为诃子汤。《南部新书》即载："用新诃子五颗、甘草一寸，并拍破，即汲树下水煎之，色若新茶，味如绿乳，服之消食疏气，诸汤难以比也。"

（二）制作方法多样化

唐人已经不仅仅满足于对食材进行简单的烹煮，而是运用提纯等工艺对其进行深加工。以乳制品为例，在《大业杂记》中仅有"酪浆"一类。唐人虽亦饮用"酪浆"，如《云仙杂记》中的房寿夏天时即饮用"羊酪"，玄宗在赏赐安禄山时亦有"马酪"，但他们并不满足于此，而是制作出了酥、醍醐、乳腐等多种乳制品。《唐国史补》中有言："穆氏兄弟四人，赞、质、员、赏。时人谓赞俗而有格为酪；质美而多人为酥；员为醍醐，言粹而少用；赏为乳腐，言最凡固也。"此虽为品评人物之语，但也从侧面反映出时人对这几种乳制品的熟悉程度。另，《李娃传》中在描述李娃照料身体孱弱的郑公子时，写道："为汤粥通其肠，次以酥乳润其脏。"由此可见，酥乳为唐人用以护理病人的最佳食品之一。

（三）制作人员多样化

在唐代，越来越多的精英文人参与到对"杂饮"的配制之中，白居易就是其中的范例。他除了"调酥煮乳糜"外，还根据自身的喜好和身体状况，配制出了许多具有独创性的饮品，有疗饥解渴用的冷云浆、保健用的赤箭汤，还有令人不渴的云母汤，等等。

除了多样化外，唐代杂饮，特别是其中的药用杂饮开始趋于平民化和商业化。这种药用杂饮在唐宋时期被称为"饮子"。据《太平广记》引《玉堂闲话》载："长安完盛日，有一家于西市卖饮子，用寻常之药，不过数味，亦不闲方脉，无问是何疾苦，百文售一服。千种之疾，入口而愈。"又《唐国史补》卷中载商人王彦伯"自言医道将行，时列三四灶煮药于庭。老少塞门而请，彦伯指曰：'热者饮此，寒者饮此，风者饮此，气者饮此。'皆饮之而去。翌日，各负钱帛来酬，无不效者"。可见，"饮子"应该就是隋时宫廷保健饮品的改良版，在保留上述饮品保健功效的同时，又转用常见的原材料进行烹制。且由上述两条记载可知,唐时的"饮子"已经逐渐摆脱日常饮料的范畴,成为普通百姓治疗日常疾病的特效药。也正是因为"饮子"既具有治疗疾病的功效,价格又较为便宜,因此在普通百姓中很有市场,以至于在《清明上河图》中,我们亦能看到售卖"饮子"的店铺。

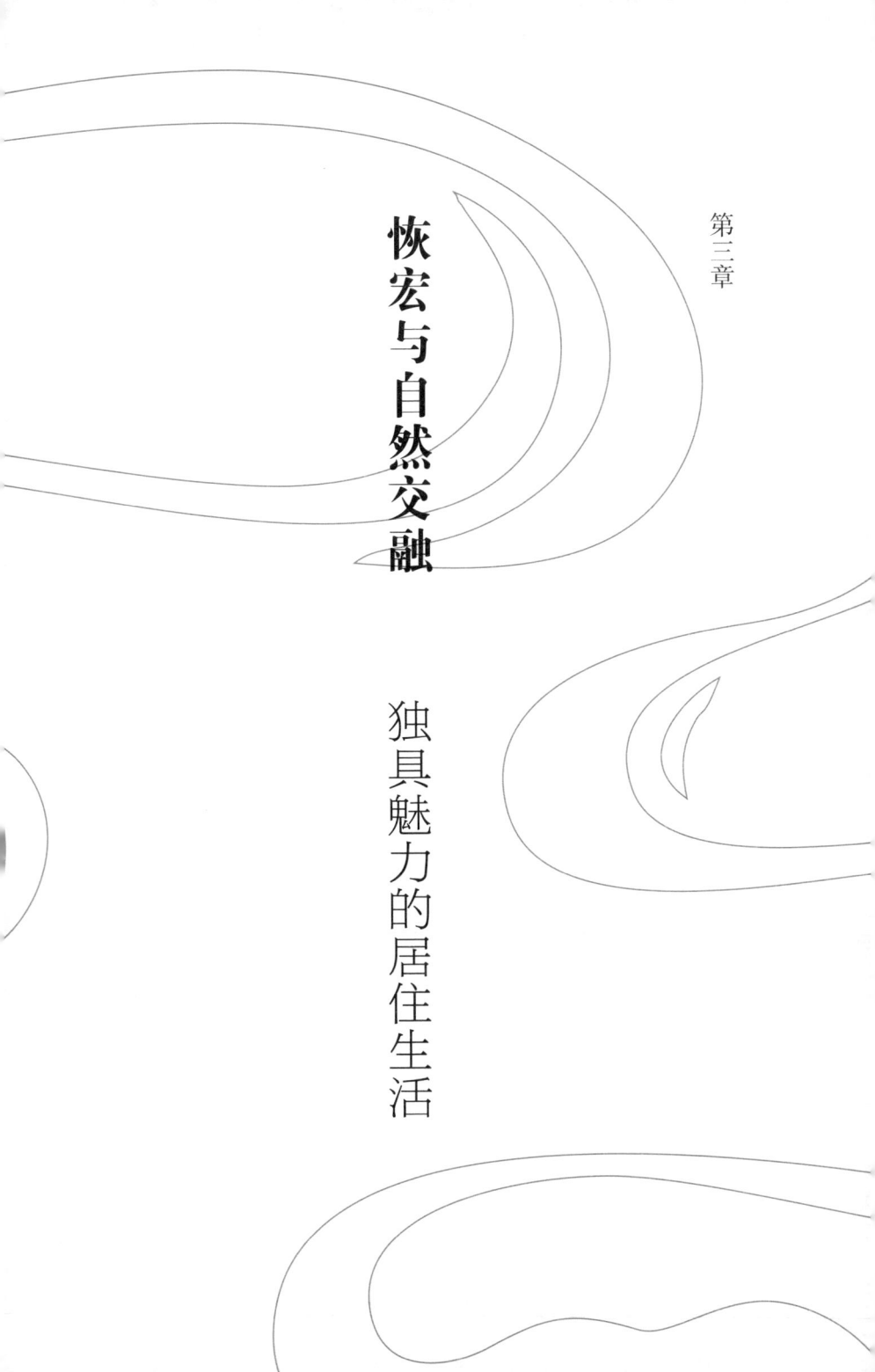

第三章 恢宏与自然交融

独具魅力的居住生活

第一节　城市与乡里

唐代恰好处于中国古代城市发展史中的转型时期。严格来讲，唐以前的城市，都城称为"都邑"，其余城市称为"城邑"，"市"的色彩并不浓重。唐以前的城市主要突出政治、军事功能，是一个政治化的社会空间，但是唐以后城市中市民阶层开始崛起，城市更加体现出市民空间。唐代恰好处于这个转型期，即传统的政治城市向商业性城市转变。在此期间，城市的规模开始扩大，商业贸易逐渐繁荣，城市的经济功能开始增强，城市中有了比较完善的餐饮、娱乐等服务产业。

随着经济的繁荣、人口的增长，唐代出现了城市化现象。可以总结为四点：

第一，随着经济重心的南移，南方出现了江陵（今湖北省荆州市）、益州（今四川省成都市）等大都会和广陵（今江苏省扬州市）、寿春（今安徽省寿县）、番禺（今广东省广州市）等港口城市。在唐后期，成都和扬州地区的税收成为唐政府的重要财源。

第二，大运河的兴建带来了两岸城市的繁荣，出现了楚州（今江苏省淮安市）、广陵、苏州、杭州等大城市以及华州（今陕西省华县）、陕州（今河南省陕县）、汴州（今河南省开封市）、宋州（今河南省商丘市）、泗州（今江苏省盱眙县）、润州（今江苏省镇江市）、常州等比较大的贸易城市。

第三，由于长江有水利和运输的便利条件，长江沿岸出了一些比较大的城市，比如江陵、广陵、润州等。

第四，由于海上丝绸之路的兴起，在东南沿海出现了广州、潮州、泉州、福州、温州、明州（今浙江省宁波市）等重要的海港城市。

一、城市：长安与洛阳

唐代是中国古代经济飞速发展、国家统一、国力鼎盛的时期，因此也成为古代城市建设的大发展时期。这一时期的城市建制大都还遵循一种棋盘式的封闭格局，但随着商品经济的不断发展，这种封闭的里坊制结构逐渐开始松动，以经济为中心、开放式街道布局的城市开始萌发。我们在这里主要以长安和洛阳为例，介绍一下唐代城市的情况。

讲到唐代的城市，最重要的是京师长安城。唐长安城前身是隋代修的大兴城。唐代沿用旧城，除了唐高宗时期在长安东北方向增修大明宫外，其基本格局并未变化。因此，我们要了解唐代长安城，就必须从其前身大兴城说起。

大兴城是隋文帝开皇二年（582）开始修建的新都，主体工程于9个月内完工，其间建成了宫城、皇城以及一些王公贵族府邸等一批建筑。隋文帝为什么要舍弃西汉以来的长安城，而另行建都呢？其原因主要有四点：

第一，旧城年久失修、破败狭小。

第二，旧城使用了800多年，浅层地下水受到了污染，使得水又咸又苦，影响到官民的正常生活。

第三,旧城靠渭河太近,发生洪水时会灌入都城中。

第四,当时旧城多有妖异之事发生。这是因为隋文帝当年篡位之后,几乎灭了整个北周宇文皇族,加之他本人又是虔诚的佛教徒,害怕因此遭到报应,所以恐惧之下产生了幻觉。

隋代建新都考虑的因素主要有三点:

第一,杨坚属于关陇集团,关中和陇右是他的政治根基所在。因此新都还要在关中,不能选择洛阳。

第二,要看天文星象,进行占卜,选择一块风水好的地方。旧城东南几公里之外的龙首原,被当时营建新都的总负责人宇文恺所看中。他认为龙首原这个地方有6条高坡,像《周易》中的乾卦,于是根据卦义来进行城市布局。初九卦义是"潜龙勿用",所以什么都没有营建,而选择了躲避。九二卦义是"见龙在田,利见大人",在这里兴建皇宫,让帝王居住。九三卦义是"君子终日乾乾,夕惕若厉,无咎",为君子之位,在这里修建了皇城,是三省六部九寺诸监等文武百官办公所在地。九五卦义是"飞龙在天,利见大人",这是九五至尊之位,不能让一般人居住，于是修建了玄都观、兴善寺来镇压。

除了符合卦象，新都的营建还有法天象的一面。宫城建在最北端，象征着北极星，北极星位于紫微垣的中间，而紫微垣之内是天帝居住的地方，因此有一个对应关系。皇城中的百官衙署象征环绕北辰的紫微垣，外郭城则象征向北环拱的群星。《论语·为政篇》有云："为政以德，譬如北辰，居其所而众星共之。"这就是法天象地，唯帝独尊的体现。

第三，所考虑的因素与谶纬有关。传说龙首山是由一条从终南山出、北行至渭河饮水的黑龙幻化形成的土梁。北周尚黑，史籍中屡见以黑龙指代北周。而当时谶纬认为杨隋是白龙，而且多见白龙战胜黑龙之说。乾卦之色主白，因此在龙首山乾卦之地建新都有白龙叠压黑龙之意。

继承大兴城而来的唐代长安，在城市布局上没有太大的变化，但也有着自己的独特之处。总体而言，有三点：

第一是"大"。唐长安城东西长9721米，南北长8651米，城内面积约84平方公里，比汉长安城大2.4倍，比明清北京城大1.4倍。长安城中轴线贯穿南北的大街叫朱雀大街，宽达150米。宫城和皇城之间的横街，宽达220米。在这座巨大的城市中，除了宫城、皇城和两市之外，其余的居民区被整齐地划分为约108个坊。坊内东西南北的4条主干道也非常宽，达到100~150米，一些坊内的聚会活动都在大街上进行。有一回崇仁坊来了一位美女，引来人们的围观，人数竟超过万人，可见街道之宽阔。

第二是布局井然有序。唐长安城的中轴线上是宫城、皇城、朱雀大街。朱雀大街将长安城分为东西两部分，东半部为万年县，西半部为长安县。主要分为四大区：宫殿区——太极宫、东宫、掖庭宫，行政区——皇城，官民生活区——坊，经济区——东市、西市。

唐代长安城内的皇宫主要有3座。中轴线最北端是太极宫，唐高宗时期又在长安城的东北方向修建了大明宫，唐玄宗将自己做藩王时的府邸扩建成兴庆宫。太极宫主要是唐高祖李渊和唐太宗李世民居住的皇宫。太极宫的北门就是玄武门，当时最精锐的禁军就驻守在这里。因此每每发生政变，谁掌握了玄武门谁就能赢得最终的胜利。历史上著名的"玄武门之变"就发生在这里。当时守卫玄武门的将领叫常何,他本来是太子李建成的党羽,但是却被李世民秘密收买。所以在政变发生之时,李建成一直认为自己在玄武门是安全的,可是李世民通过常何已经提前在这里埋伏下兵马。

唐太宗以后几乎所有的唐朝皇帝都住在大明宫。这座皇宫位于长安东北部,明显凸出,打破了宇文恺时期所确立的设计原则。为什么要建新宫呢?唐长安是一座法天象地、人为设计的都城。可是长安城的布局并非毫无瑕疵,尤其在偏重礼制的情况下,长安城的适居性在一定程度上遭到忽视。随着时代发展,人们开始对这种偏失加以修正,而这一切又都体现出时人思维模式的特点。长安城地形西低东高、北低南高,太极宫位于低洼之地,宫内非常闷热潮湿。唐太宗即位之后身体一直都不是很好,得了一种叫"气疾"的病。这种疾病可能和呼吸道系统有关,因此低下潮湿的太极宫非常不利于太宗身体的恢复与疾病的治疗。在贞观二年(628),就有大臣提出兴建殿阁的意见,但是被太宗以劳民伤财为由而拒绝了。到了贞观八年(634),太宗为了给自己的父亲——太上皇李渊避暑,开始在长安城的东北方向营建永安宫，次年正月改名大明宫。但就在同年，太上皇李渊驾崩，新宫因此搁置不用。继太宗而立的高宗李治，更是历史上有名的孱弱皇帝。这个"孱弱"一方面是说他的性格不似其父那样刚强；另一方面也是指他的健康状况十分不好，特别是他患上了"风痹"之后。"风痹"这种病，中医认为是由于风、寒、湿侵袭而引起的肢节疼痛或麻木。太极宫又正处在潮湿环境中，对高宗的病情十分不利。因此，扩建大明宫的工程在龙朔二年（662）再一次启动了。

　　大明宫地势非常高，站在宫殿上可以俯视整座长安城。大明宫是当时世界上最为壮丽辉煌的宫殿群，占地面积达350公顷，是明清紫禁城的4.5倍。大明宫的三大殿分别是含元殿、宣政殿和紫宸殿，它们分别承担着帝国不同的使命。

　　重大庆典和大朝会在含元殿举行。含元殿建在高达15米左右的高岗之上，百官朝见需要走过长长的"龙尾道"，这条道路由长为78米且有7个曲折的台阶构成。主殿的左右还有翔鸾阁和栖凤阁两座阙楼。面对这样雄伟的宫殿，唐代诗人王维曾这样赞叹道："九天阊阖开宫殿，万国衣冠拜冕旒。"

含元殿往北 300 米左右是大明宫中的第二座大殿——宣政殿。宣政殿是皇帝举行朔望朝（初一、十五在京九品以上文武官员朝见皇帝）、较大礼仪活动及常朝（文官五品以上中高级官员每天朝见皇帝，商讨国事）的行政场所。宣政殿再往北 100 米左右是第三大殿——紫宸殿。紫宸殿是皇帝日常居住的正寝，前堂用以办公，后室便于休息，属于帝王较为私密的空间。因此，唐代大臣以能到紫宸殿朝见皇帝、商议国事为荣。这里没有仪仗和烦琐的礼仪，更加随便和自然，如果得不到皇帝的信任和赏识便不会有这种殊荣。

兴庆宫是唐玄宗做藩王时的府邸，他当皇帝之后扩大了规模，占据了一坊半的面积。相比太极宫和大明宫，李隆基更喜欢待在这里处理朝政。他与杨贵妃长期居住在这里，只有在冬天他们才会前往华清宫泡温泉以避严寒。安史之乱以后，这里基本成为太后的居所。现在这里已经开发为兴庆宫公园，游人可以去欣赏一下，还可以看到唐代宫殿的地基。

唐长安城的布局还有"东贵西庶""北实南虚"的特点。东面地形高，不潮湿，而且离大明宫和皇城近，上班比较方便，所以在东城住的大部分是亲王、高等级的宦官、中高级官员。西城住的则大部分是中下级官员、富豪、庶民。由于距离西市不远，还有不少西域胡人在此居住。在南城朱雀门南第六横街以南，就很少有人居住了。此外，自兴善寺以南的四坊，也只有很少的居民居住。于是在南城有很多耕地和闲地，有人在这里种菜种粮，形成与城市完全不同的田园景象。而长安城的东南方，因有曲江池等名胜之地，不少富人、名人在那里建筑别馆，形成了极具规模的别墅区。

唐长安城的第三个特点是封闭性强，管理严格。封闭性强主要体现在对于里坊和两市的管理上。关于里坊将放在下部分专门讲，我们先看两市的管理。

唐代长安城虽然是当时世界上最繁华且忙碌的都市，但其东、西两市店铺开门营业的时间实质上是很短的。到了正午时，击鼓两百下才能开市门做生意。在太阳落山前1小时45分钟左右，就开始击钲，300下之后就停止做生意。白居易在《卖炭翁》中写道："牛困人饥日已高，市南门外泥中歇。"为什么卖炭翁不早早卖完炭回家，而要在市的南门外等候呢？这正是因为还没有到正午开市门的时间，他进不去。虽然营业时间较短，但东、西两市的规模却是十分惊人的。唐后期日本求法僧圆仁在《入唐求法巡礼行记》中记载，唐武宗会昌三年（843），半夜三更时分，东市大火，烧了曹门以西12行4000余家，官私钱物和金银绢药全部被烧毁。《长安志》载："市内货财二百二十行，四面立邸，四方珍奇，皆所积集。"东市有220行，那么以仅西12行就烧毁了4000多间商铺来推测，整个东市的商铺数量可能多达73000多家。

唐代长安城的东部居民多于西部，所以导致东市附近房屋资源奇缺。商人必须在市场外有合适的囤货场所，于是商人们只得纷纷前往西市开店。来到西市门前，你将看到这样的景象：熙熙攘攘的人群会聚在市门前，马车、牛车举目皆是，时而还有高大的骆驼穿梭其中。人群的肤色不一，除了唐人之外，还有许多高鼻深目的粟特人、突厥人、波斯人、大食人，以及服装与国人有明显差异的日本人、吐蕃人，也会有不少黑人。根据考古勘察，西市内的店铺规模不大，最大的宽不过10米，最小的只有4米，进深均为3米多，还有灶台。西市还有胡姬开的酒肆，这是李白在长安最喜欢去的地方之一。他在《少年行》中就写道："五陵年少金市东，银鞍白马度春风。落花踏尽游何处，笑入胡姬酒肆中。"金市就是西市。

唐代的洛阳城也是非常重要的城市，被称为"东都""神都"，武则天当女皇时的都城就是洛阳。洛阳城分为宫城、皇城、外城三重城垣，外城周长28公里。洛阳城也是由隋代宇文恺设计的。他根据当地的山川地貌，综合法天象地的风水学考虑，也把宫城置于北边，象征着北极星，即天帝所居的紫微宫。洛水横穿其间，象征着天上的银河。城市也是棋盘式的布局，坊被宽宽的街道分割。东北和南部是居民区和经济区，共有103个坊，有南市、西市、北市。洛阳比长安城的水陆交通更方便，三市旁边都有河渠，可以直接通向大运河。北市在洛河以北，其中南市最大也最繁华。

唐后期的扬州也是非常重要的城市，它是当时淮南节度使治所所在。淮南节度使是唐后期重要的财源保障。有一些学者认为，之所以李唐江山在安史之乱中未被消灭，就是因为东南地区为政府提供了源源不断的赋税。扬州也实行坊市制度，但是这座城市对坊市的破坏却更早，这是由其商业城市的地位所决定的。扬州处于长江、运河的交汇点，水网发达，在唐代是漕运茶叶、丝绸、海盐等产品的重要集散地。作为唐代最重要的财政官员之一的盐铁转运使就常驻扬州办公。宋代的沈括在《梦溪笔谈》中提到扬州在唐代是最为"富盛"的城市。唐代有"扬一益二"的称法，来说明扬州和益州的富庶。唐后期的很多遣唐使都会从海路抵达扬州，如最有名的圆仁法师。唐玄宗天宝二年（743），扬州大明寺高僧鉴真也是从这里东渡日本的。

二、百千家似围棋局：里坊

唐代的城市规划大部分都是坊市制，即将作为生活区的"坊"和作为商业区的"市"区分开来。唐代的"坊"也叫作"里"，所以学界称之为里坊制度。这种制度在强化城市治理、防范盗贼方面发挥了积极的作用，但是也给百姓的日常生活和人际往来带来很多不便。坊中也可能会开设一些规模比较小的、为日常服务的店铺，比如就有卖蒸饼的铺子。武则天当女皇的时候，有一位叫张衡的大臣。由于唐代官员上朝时间很早，一般天不亮就出门，快中午才能回家。所以张衡下班时觉得饥肠辘辘，就顺便在路边买了一个蒸饼，穿着朝服，骑在马上就吃起来。结果御史看到了，就上疏弹劾他有损官员形象。

　　唐代的坊以长安城的最为典型，这里简单介绍下长安城的坊。长安城的坊有108个左右。如兴庆宫就占一坊半的地。每一个居民坊的四面都有夯土坊墙，坊墙不是很高，与成年男子的肩同高。坊内有两条十字交叉的大道，大多四面都有门。皇城以南的四个坊只有东西两个门，没有南北门。这是出于风水上的考量：一方面，官方担心居民坊门对着皇城门会导致邪气冲犯皇城；另一方面也担心造成皇城中的龙气外泄。长安各坊的旁边均有明沟排水，根据考古勘查，其宽度一般在2.5米左右，所以各坊门外普遍有木桥。唐代的城市实行宵禁制度，晚上敲鼓600下，居民坊的大门就会关闭；早晨敲鼓400下，坊门再打开。如果宵禁以后还有人在坊外活动，被金吾卫、左右街使等抓住就会以"犯夜"罪论处,要打20鞭。每个坊的坊角还设有武候铺,相当于现在的治安岗亭,大的有30人,小的有5人。

唐传奇名篇《李娃传》就反映了当时的宵禁制度。常州刺史的公子赴京赶考,在当时著名的红灯区平康坊遇到了娼妓李娃。二人相见甚欢,聊到很晚,直到闭坊门的鼓声响起。老鸨让公子赶紧回家,但公子以家离得太远,在鼓声停止之前无法赶到为由留了下来。艺术虽然高于生活,但还是来源于生活。唐代文人在写小说时,所反映的必然是现实生活中的制度。正是由于坊门的定时开关,才使得公子可以以此为借口留宿。可见,当时的宵禁制度执行得还是非常严格的。

东都洛阳坊的结构与长安城基本相同,也是周围有坊墙,墙的正中间开坊门,坊的正中有十字街。洛河以北有三分之一的坊,在东北方向,这属于庶民区;洛河以南是官僚区。由于洛阳的人口不像长安那样密集,很多官员的住宅都比较大,宅中还有园林。

唐后期随着城市商品经济的发展,坊市制度逐渐被打破。在长安城中就出现了坊内开店，侵占坊墙建造房屋，开设夜市等情况。坊市制度彻底崩塌是在北宋中期以后，"里坊制"发展成为"街巷制"，坊墙崩塌，临街开设店铺，这就是我们在《清明上河图》中见到的图景。

三、清江一曲抱村流：乡村

唐代的乡村社会存在着两套组织体系：一是官方体系，即在乡村设置的乡、里这一套统治机构。二是民间组织，比如宗族和民间结社。宗族是以宗法为约束、以血缘关系为纽带而结成的家族组织。民间结社是以地域为纽带、根据特殊需求而结成的异姓组织，唐代又叫作"社邑"。不同的社邑根据自己的主要活动或主要参与者的身份而有专名。下来我们了解一下唐代乡村的结社活动。

第一，由妇女结成的女人社。妇女加入这个社需要缴纳一定的会费。平时的活动有吃饭、喝酒、念佛、做游戏、旅游等，日常活动非常丰富，使得妇女们在家庭之外有了另外一种生活方式，不再觉得枯燥无聊。而且当社内的女性在家庭中受到不公正的待遇时，该社也会出面进行调解，类似于现在的妇女权益保障协会。

第二，丧葬互助社。唐代的风俗重厚葬，但是乡村社会的一般人家没有足够的财力去完成复杂的葬礼。于是一帮人就结成丧葬互助社。某位社员家中如果发生了丧事，首先他要到社里报告。该社一般会设置一位负责人，由他再通知其他的社员。社员们一般都会资助一些东西，比如一瓮酒、一斗粟之类，而且还会去死者家中帮忙，摆设祭品、扛抬重物、帮忙做丧服，等等。如果有人会鼓吹之类的，还要到葬礼上帮忙吹奏哀乐。有一些丧葬互助社还会提前收些钱，然后放高利贷，赚些利息，以备社员使用。唐朝诗人王梵志就有诗云："遥看世间人，村坊安社邑。一家有死生，合村相就泣。"其实在现在的农村，当有一家办丧事时，街坊邻居也会主动去帮忙。

第三，渠社。古代社会中，农业是根本。农业好坏与水资源是否丰富有直接关系。唐代会建造一些水利工程，比如渠堰、斗门之类。乡村就会结成渠社，主要就是负责水利的兴修、维护。社员或是出钱，或是出力，或是安排某人专门负责等，这样可以有效保证农田水利的正常运作。

第四，祭祀社。古代中国"国以民为天，民以食为天"，于是就要立社来集体祭祀社神，也就是土地神。在农业社会中最大的祈盼就是风调雨顺、五谷丰登。因此，人们对于土地神的祭祀是十分重视的，尤其是春秋二社。春社的时间一般为立春之后的第五个戊日，是为祈祷土地神保佑今年能有好收成。秋社的时间是立秋后第五个戊日，是为酬神，感谢土地神今年帮忙获得了丰收。这两个节日都会非常的热闹，村民要杀猪宰羊，群聚畅饮，而且还有很多自发表演的节目。这种祭祀活动需要不小的开销，而且还要有人组织安排，于是村民就结成祭祀社，视家庭情况或赞助一点钱，或出力帮忙。

第五，唐代佛教发达，乡村中会有一些专门从事佛教活动的结社。比如说营建寺庙、钻凿石窟、塑造佛像、建造佛塔、刻写经文、诵经、燃灯以及对寺院日常生活的帮助，等等。唐代的敦煌地区就有以燃灯为主要活动内容的燃灯社。

唐代乡村的结社还有很多，如婚嫁结社、盖房结社，等等。总之，结社体现了乡村的凝聚力，是对脆弱和弱小的乡村小农经济的保障。这种互通有无、有施必报、互相帮助的做法体现了中华民族的优良传统与作风。

第二节 住宅

一、栋宇相连延：贵戚邸宅

唐代王公贵族的家族人口数量一般而言十分庞大，除了成群的妻妾，还有多达数百人的奴仆女婢——这还不算其豢养的舞女、歌伎等。为了便于出行，宅中还有马厩，饲养着少则十几匹多则几十匹的骏马。宅中还要营建园林，以供散步游玩。所以王公贵戚的住宅规模在长安城肯定是除帝王之外最大的。比如说，朱雀街东面第一街是保宁坊，贞观初期，整个坊都是晋王李治的住宅。此坊东西514米，南北477米，面积约24.5万平方米。这当然是特例，如果每个王爷都占一坊之地作为住宅，那么长安城就成为百王宅了。还有一些皇子王孙占半坊之地作为住宅，比如唐睿宗在当藩王时就占了长乐坊的一半作为住宅。还有占一

敦煌壁画《未生怨故事》（局部）

坊的四分之一作为住宅的。比如郭子仪，他的住宅在朱雀大街东面第三街亲仁坊，占地面积约11.4万平方米。因为面积过大，以至于虽有家人三千多，但很多人往来都不知道对方也住在郭府里。唐中宗和韦皇后的女儿长宁公主的住宅在崇仁坊，她侵占了唐太宗长孙皇后的舅舅高士廉的旧宅，而且占了左金吾卫原来的营地，在府里堆砌假山，挖掘池塘。中宗和皇后常常到她家来游玩，并饮酒赋诗。同时她吞并了坊西的一片空地专门做蹴鞠场。她的住宅总面积达到21.4万平方米。韦后被杀之后，长宁公主的地位也一落千丈,与夫君离开长安,便卖了长安的住宅,单单瓦和木料就值钱2000万贯,就是两百亿个铜钱。她的妹妹安乐公主在长安金城坊的住宅面积是5.1万平方米,府邸非常奢华,为了建宅院把国库的钱几乎都花完了。太平公主

敦煌壁画《阿弥陀净土变》(局部1)

在长安醴泉坊的住宅面积达 3.5 万平方米，装修自然也是富丽堂皇。

这些大的宅院多采用廊院式布局，在主建筑的四周围以回廊，以形成院落。东西廊之外，还附有若干个小院，南北成行。也就是在中轴线住宅之外，左右对称另建院落，组成次要轴线，形成环环相套的大规模府邸。规模小的就在廊上直接开门，通向各小院。规模大的，两院都有围廊，廊之间形成了巷道，通过巷道进入各个小院。唐传奇《昆仑奴》中就记载了唐代宗时期有一位大臣，光歌伎就有 10 院。这位大臣可能是郭子仪。据说郭子仪每个院里往来都

敦煌壁画《阿弥陀净土变》（局部2）

要乘坐马车，可见规模之大。白居易就曾作《伤宅》诗来讽刺权贵们的豪华住宅和奢侈之风："谁家起甲第，朱门大道边？丰屋中栉比，高墙外回环。累累六七堂，栋宇相连延。一堂费百万，郁郁起青烟。洞房温且清，寒暑不能干。高堂虚且迥，坐卧见南山。绕廊紫藤架，夹砌红药栏。攀枝摘樱桃，带花移牡丹。主人此中坐，十载为大官。厨有臭败肉，库有贯朽钱……"

唐代的法律对于官员和庶民的房屋结构等级是有规定的，不能僭越。比如王公以下的屋舍不能用重拱、藻井等结构设计。三品以上官员的屋舍不能超过9架（指架梁数量。梁越多房子越大，等级越高），五品以上官员不能超过7架，六品以下官员不能超过5架。而且无论是官员还是普通百姓的宅第，都不能起楼阁，要不然就会居高临下看到别人家。

二、一般住宅

一般住宅是指低级官员和普通富人的住宅。至于穷人，可能更多是住杜甫曾经住过的茅屋吧。1959年在陕西省西安市中堡村唐墓中出土了一套住宅模型，可能是中层官员

唐代三彩建筑模型

的住宅。住宅的布局接近于两进式四合院,从南到北分别是:大门、亭(前院)、中堂、后院、正室;东西两边各有三处廊屋;后院中还有一座八角亭和一座带水池的假山。前院一般都是仆人所住。中堂是会客之所,一般也是所有屋舍中最富丽堂皇的地方,因为这是拿来给外人看的。就像现在装修,客厅要比卧室精美豪华一样。杨玉环的三姐虢国夫人的中堂就修得非常奢华,费钱达两百万贯。唐后期平定安史之乱有功的名将马璘,修中堂花了二十万贯。他去世之后在长安办葬礼,很多人为了看一眼他家富丽堂皇的中堂,就冒称是马璘的故吏来吊唁,人数多达几百人。根据模型,后院应该属于园林区,唐代只要稍微大点的住宅都会有园林。正室就是正寝，外人一般不能入内。

下面我们以白居易为线索，看看他从低级官员做到中级官员时租房和买房的过程。唐德宗贞元十六年（800），白居易29岁，考中进士。贞元十八年（802），31岁，参加吏部主持的科目选，判拔萃科，及第。贞元十九年（803），32岁，授秘书省校书郎（正九品上）。做官以后的白居易在东市东门外的长乐坊租了一座院子。彼时他写了一首诗《常乐里闲居偶题十六韵兼寄刘十五公舆王十》："……茅屋四五间，一马二仆夫。俸钱万六千，月给亦有余。……窗前有竹玩，门外有酒酤。何以待君子，数竿对一壶。"校书郎属于低级文官，当时的白居易在长安买不起房，但还是在地段相对不错的坊租了房。房子不是很好，只有四五间茅屋，和平民百姓差不多，外加一匹马和两个仆人，应该是唐代低级文官的标配。

元和九年（814），白居易43岁。这时他丁忧三年回京，被任命为太子左赞善大夫（正五品上）。回到长安以后，他在昭国坊租了王家的住宅。昭国坊在大雁塔所在的晋昌坊的北边，地理位置比不上长乐坊，但是居住条件有

五代卫贤《高士图》

所提升。彼时他又给好朋友元宗简写了一首诗来说明自己的生活情况,其中有:"归来昭国里,人卧马歇鞍。……柿树绿阴合,王家庭院宽。"可见他已经住到王家庭院中,不再住茅屋。但是他还是没钱,不能在好地段租房子。这在他的《昭国闲居》诗中得到体现:"贫闲日高起,门巷昼寂寂。时暑放朝参,天阴少人客。槐花满田地,仅绝人行迹。独在一床眠,清凉风雨夕。勿嫌坊曲远,近即多牵役。勿嫌禄俸薄，厚即多忧责。平生尚恬旷，老大宜安适。何以养吾真，官闲居处僻。"从诗中我们可以得知他所住的地方比较偏僻，而且坊内有田地，往来的人也很少。太子左赞善大夫其实是一个闲官，他得到的俸禄也不是很多。

之后他被贬江州（今江西省九江市），唐穆宗即位以后才被召回长安。当时他已经49岁，但升迁很快。先拜尚书司门员外郎（从六品上），后又转主客郎中（从五品上）、知制诰。最重要的是他的散官为朝散大夫（从五品上）。散官的品级是发放俸禄的依据，他达到五品就能拿到中级官员的工资。在第二年，也就是唐穆宗长庆元年（821），50岁的白居易终于在长安买了房，但并不是新房。他在《新昌新居书事四十韵因寄元郎中张博士》诗中云："冒宠已三迁，归朝始二年。囊中贮馀俸，园外买闲田。狐兔同三径，蒿莱共一廛。新园聊铲秽，旧屋且扶颠。檐漏移倾瓦，梁欹换蠹椽。平治绕台路，整顿近阶砖。"他的新居在新昌坊，与青龙寺和乐游原在同一坊。他买不起好房子，只买了一套二手或多手房，房子很破，还需要重新装修一下。他把污秽垃圾等清理掉后，补了房子破损的地方，还换了新瓦和新梁，重铺了院子和道路。不仅房子破旧，地段也不是很好，所谓"省史嫌坊远，豪家笑地偏"说的就是这个问题。可是当时的他已经很满足了，已经在幻想自己以后能过什么样的闲适生活。白居易在新宅中种了竹子，还整修了一下原有的小园子。虽然还是没有马厩，然而当时至少已经有30间左右的瓦房，属于中级住宅了。白居易晚年住在洛阳，在履道坊买了新房子，环境好，地段也不错。住宅总面积达1.13万平方米，其中三分之一是屋室，五分之一是水，九分之一是竹，而且之后还不断翻修园林。这已经达到了中上级文官的住宅水准。

第三节　内部陈设

开始讲述正题之前，我们先讲两则故事。唐玄宗对于安禄山原本是十分欣赏和信任的，安禄山能起兵造反是他万万没有想到的事。唐玄宗为拉拢安禄山，对他非常好，专门在长安亲仁坊用国库的钱给他盖了一所宅院。天宝九载（750）安禄山到长安献俘，特入住新宅。玄宗赏赐他不少家中陈设，史载："银平脱破方八角花鸟药屏帐一具，方圆一丈七尺；金铜铰具、银凿镂、银锁二具；色丝绦一百副；夹缬罗顶额织成锦帘二领；各紫綖帘罗金铜钩、分错色丝绦贴白檀香床两张，各长一丈，阔六尺；并水葱夹贴绿锦缘白平游戏紬背席二领；绣茸毛毯合银平脱帐一具，方一丈三尺；金铜铰具、绣绫颉夹带、碧绫峻旗、色丝绦百副；贴文牙床二张，各长一丈，阔三尺；水葱夹贴席、红锦缘白平紬背、红异文绣方绣褥、紫紬床帐兼黄金瑶光等并全两内帐设。"又赏赐了"青罗金鸾绯花鸟子女立马鸡袍袴等，屏风六合，红瑞锦褥四领，二色绫褥八领，瑞锦屏两领，龙须夹贴席一十四领，贴文柏床一十四张，白檀香木细绳床一张，绣草敦子三十个"。厨房和马厩的器物也多是用金银装饰，"赐金平脱五斗饭罂二口，银平脱五斗淘饭魁二，银丝织成筹筐、银织笊篱各一，金银具食藏二"。宫中的御用之物都没有安禄山的奢华。

咸通九年（868），唐懿宗将自己最心爱的同昌公主嫁给右拾遗韦保衡。公主出嫁的那天，仪式非常盛大，轰动了整个长安城。唐懿宗几乎拿出宫中所有的珍玩宝贝作为嫁妆。公主的新住宅在广化坊，是花了国库500万贯钱为其修建的，梁、门、窗都用珍宝来装饰。嫁妆中很大一部分是住宅中的陈设，列于下：井栏、药臼、放食物的柜子、水槽、釜、铛、盆、瓮之类都是用金银做成的；用金丝编成笊篱、箕、筐等；床都用水晶、火气珠（番邦贡品）、琉璃、玳瑁等装饰，床脚用金龟、银鳌装饰；宅内的很多器物是用美玉雕琢而成；把很多珍宝拼合起来做成圆案；堂中的帐都是用珍珠串成；帘叫"却寒帘"，用类似玳瑁斑的东西做成，紫色，也有人说是用却寒鸟的骨头做成；还有鹧鸪枕，是用珍宝拼成鹧鸪的形状；翡翠匣，用翡翠做成，用羽毛做装饰；神丝绣被，绣了3000只鸳鸯，中间还有奇花异叶，精巧华丽无比，上面还缀饰有灵粟之珠，五彩辉煌。这里小八卦一下，同昌公主第二年就生病去世，可见，珍宝乃身外之物，不必过分追求。

　　通过以上两则故事，我们可以把唐代住宅的内部陈设划分为三类：隔断式陈设，主要包括屏风、帘、帷、帐；

铺设类陈设，主要包括地衣、茵席；家具。

一、美人卷珠帘：隔断式陈设

（一）屏风

屏风有落地屏风和床上屏风两种。顾名思义，前者放在地上，后者放在床上。唐代的屏风一般都是以木为骨，以纸为面，也有用铜做的，有时还用玉石、水晶、珍珠、玳瑁等镶嵌点缀，还可以拼出图案。还有的是在屏风纸上写字、绘画。白居易在《素屏谣》诗中就说李阳冰写的篆字、张旭的狂草笔迹、边鸾画的花鸟、张璪绘的松石为当时珍贵的屏风图案。唐太宗就曾命虞世南在屏风上写《列女传》，房玄龄在屏风上写《家诫》。贞元十二年（796），唐德宗在麟德殿大宴群臣，就下令将屏风立于座位之后，画汉魏以后的名臣，并写上他们的善言美事。屏风绘画，比较多的是画歌伎、仕女，也有绘画仙鹤、奔马、山水、花鸟等。

屏风最基本的功能是挡风和遮蔽。比如杨衡的《春日偶题》诗云："就日移轻榻，遮风展小屏。"这里描写的是在床上摆的屏风。白居易的《就暖偶酌戏诸诗酒旧侣》诗

唐代六扇屏风 1

亦云："低屏软褥卧藤床，异向前轩就日阳。"此外，屏风还有重新分配房间内空间的功能，在日常起居、宴饮、会客等场合会根据不同的需要来设置或撤掉屏风。

　　唐代屏风只有一张的话，会是比较高大的屏风，一般绘画山水。但更多的是多张可折合的屏风，每张之间使用金属交关相连接。比较常见的是六扇屏风，陕西西安南里

唐代六扇屏风 2

王村韦氏墓壁画上绘有六扇屏，日本正仓院收藏有具有唐代风格的非常精美的鸟毛立女六扇屏风。每扇高 1.36 米，宽 0.56 米。前三扇的仕女立在树下，后三扇的仕女坐在树下石上，体态丰腴，姿态各异，点红樱嘴，面施花钿，而且仕女的衣服部位曾覆盖有不同色彩的鸟羽，但可惜已经基本脱落，仅残留线条。五代十国时期后蜀开国皇帝孟知祥曾下令制造了七十张屏风，放在自己的寝室，这样就几乎把寝室围绕起来，或许会给人心理上的安全感。

（二）帘

帘，一般是指用布、竹子、苇子等编织而成起到遮蔽作用的东西。现在还有人用布帘或竹帘。唐代还有珠帘，比如李白的名诗《怨情》就云："美人卷珠帘，深坐颦蛾眉。但见泪痕湿，不知心恨谁。"从中可以知道帘子是能卷起来的。上文提到唐玄宗赐给安禄山夹缬罗顶额织成锦帘二领，这种帘子是用夹缬法印染，罗顶额造型，原材料是锦。其实珍贵就珍贵在夹缬法印染技术上。同昌公主的却寒帘，据说是用却寒鸟的骨头编成的，但更有可能是用上等丝织品编成的具有很好的御寒功能的帘子。

帘的主要功用是在门、窗等处挂起来加以遮挡，有时也挂在客厅，将家中女眷和男客人隔离开来。诗人万楚《咏帘》中"自当分内外，非是为骄奢"就反映了这种功用。有时候帘子是可以透过去看到对方的，这就很容易让人想到"垂帘听政"。中国历史上，垂帘听政的女人很多，但最著名的除了慈禧太后就是武则天了。《旧唐书·高宗纪下》记载：由于唐高宗得风疾，身体不好，军国政事都由武则天来决定。唐高宗每次上朝，武则天就垂帘坐在御座之后，政事大小都要过问。还有武则天的一个故事。武周长安二年（702），侍御史张循宪出任河东采访使，上表举荐蒲州猗氏（今山西省临猗县）人张嘉贞，说他是人才。武则天召见张嘉贞的时候，垂下帘子与他说话。张嘉贞说："我作为一介草民能入宫朝见陛下，那是千年难得一遇的机会。但我与陛下近在咫尺之间，却好像隔了云雾，不能目睹陛下的容颜，恐怕没有尽到君臣之道吧。"武则天听后马上就卷起帘子与张嘉贞交谈，觉得他确实有才学，就任命他为监察御史。

（三）帷

帷，主要是用布帛为材料，以围绕的方式形成的屏障。唐代有这样一个故事：一位叫赵惊的人，他的岳父是地方上的一员大将。赵惊多年参加科举考试总是不能及第，非常穷困，他的妻族都看不起他。有一年的春天，军中设宴，赵惊岳父一家都去参加了。他的妻子虽然贫穷，但是碍于情面也不好不去。她穿的衣服很破烂，她的家人嫌她丢人，害怕被别人笑话，于是就用"帷"把她给遮挡起来。酒宴上，一骑快马来报，说赵悰及第中进士了。赵悰妻子的家人听到后立刻撤去了帷，邀请她与他们同席就餐。由此可见人情冷暖、世态炎凉。

帷的主要功能是遮挡，有四面相合的作用。帷还可以挂在梁柱之间，从上面垂下来，同样也有遮挡的作用。挂起来的帷称为幕。所以，我们就有了"帷幕"这个词。

（四）帐

帐，很多时候是指帐篷，这与室内陈设没有关系，可以不讲。此外，帐还有两层含义。第一，帐设在宫殿或厅堂中，起着保暖和遮挡的作用。比如宇文化及杀死隋炀帝后，进入宫殿内，每天都在帐中面南端坐。帐和帷幕的材料基本相同，不同之处在于帐有顶，而帷没有顶。而帐有敞开可以出入的地方，接近于帷，于是就有了帷帐的称法。这种陈设的帐也逐渐被帷所取代。第二层含义，也是室内陈设最重要的，是挂在床上的帐，叫作寝帐或床帐。

唐代的帐有很多种类，主要区别在于材质和装饰的不同。唐代宗时期的宰相元载生活比较奢华，他将自己的宠妾薛瑶英放在金丝帐中，这个帐可能是使用金丝编织而成。元载本人使用的是紫绡帐，据说，此帐是从南海溪洞的酋帅处获得，使用鲛人所织的绡制成，价值达几百金，而且不易得到。紫绡帐又轻又薄，好像透明的一样。即使到了严冬时节，寒风也不能吹入帐中，而到了盛夏，帐内却非常清凉。元载睡在里面，会冒出紫气。此外，唐代的帐还有七宝帐，是张易之为他父母所造，将金银、珠玉等珍宝都装饰在帐上；还有九龙帐、白绸帐、珠玉帐、九华帐、玳瑁帐、连珠帐、锁子帐、青练帐，等等。

二、织作披香殿上毯：铺设类陈设

（一）地衣

地衣其实就是地毯，白居易曾撰《红线毯》诗来讽刺宣州刺史给皇帝上贡红线毯。诗中对于唐代地毯的制作方法、功用和产地都有说明。诗曰：

红线毯，择茧缲丝清水煮，拣丝练线红蓝染。染为红线红于蓝，织作披香殿上毯。披香殿广十丈余，红线织成可殿铺。彩丝茸茸香拂拂，线软花虚不胜物。美人蹋上歌舞来，罗袜绣鞋随步没。太原毯涩毳缕硬，蜀都褥薄锦花

唐代花毡1

冷。不如此毯温且柔,年年十月来宣州。宣州太守加样织,自谓为臣能竭力。百夫同担进宫中,线厚丝多卷不得。宣州太守知不知?一丈毯,千两丝。地不知寒人要暖,少夺人衣作地衣。

宣州就是今天的安徽省宣城市。在唐代,宣州的地毯非常珍贵,价钱也非常高。宣城地毯是纯用蚕丝织成。太原的地毯是毛毡地毯,比较硬。四川的地毯是蜀锦做的,比较薄。宣城地毯又温暖又柔软,是当时的贡品。皇家主要用来铺在宫殿的地上。

宫廷之外,部分官司衙署和贵族富豪家也铺设地毯。段文昌在中书省任职,中书省的厅堂就铺了锦绣地毯。大多数官员都撤掉地毯不践踏。段文昌就命人将地毯整理平整,自己再踩踩。同僚就问他这是为什么,他回答说:"我不是不知道这样做不好,但是可恨我年幼时家中太贫穷了,现在多踩踩,好让我感受下富贵的滋味。"韦陟出身长安韦氏家族,韦氏历朝皆有高官,是典型的传统贵族,生活也非常奢侈。他的同僚房琯却比较俭朴。有一次,韦陟生病,房琯让自己的子弟代表自己去看望他。房家子弟被请到内寝去看望卧床的韦陟。韦宅的内寝都铺着地毯。房家子弟脱了鞋,

唐代花毡 2

才敢踩在上面。韦家的侍婢还笑话他们土老帽。除厅堂和卧室之外,还有人在亭子里铺设地毯。宰相杨收斥巨资建造了一座白檀木的亭子,宣州观察使李璋为了讨好宰相,就预先派人量好亭子的面积,织成宣州地毯送给了杨收。当时能用宣州地毯是非常奢侈的事情。

（二）茵席

茵席是用草等编织成的铺设在地上的坐具，类似于日本的榻榻米。茵席一般都是普通百姓所使用的。官员和富豪多坐在茵褥上。茵褥和茵席的材质不同，是用丝绵等织成，更加温暖和柔软。唐太宗时期的宰相岑文本生活非常清俭，住宅狭小简陋，而且室内也没有茵褥、帷帐等装饰，但是茵席应该是有的。

上等的茵褥非常值钱。据说长安有一位富家子康老子，非常喜欢声乐，也不好好找一个稳定的工作，常常和宫廷乐人们一起游玩相处，最终倾家荡产。有一天，看到一位老妇人拿着旧锦褥在卖，康老子就出500文买了下来。之后遇到一位波斯商人，看到康老子手里的旧锦褥大惊失色，问他："你从哪里得到的这个宝贝？这是用冰蚕丝织成的，如果在酷暑时节把这个茵褥铺在座上，可以让整个室内都清凉。"于是波斯商人就花了10000贯也就是1000万文将锦褥买了下来。康老子发财之后，还是不好好工作，仍然与乐人们一起厮混，没有超过一年，又倾家荡产了，不久就死掉了。

茵褥的材质不同，价值当然也不同。还有一些茵褥有精美的图案。

三、吾师醉后倚绳床：家具

唐代最常用的家具主要有三类：床榻、几案、橱柜。

（一）床榻

唐代的床有两种，用来坐的床（坐床）和用来睡觉的床（寝床）。寝床比较大，以木制较多，也有象牙床，有钱人的床上都会用金银、珍珠、玉石等做装饰。白居易的诗《懒放二首，呈刘梦得、吴方之》云："朝怜一床日，暮爱一炉火。床暖日高眠，炉温夜深坐。"这里的床就是寝床。至于李白的诗"床前明月光，疑是地上霜"，很有可能指的也是寝床。坐床有大有小，形制不

敦煌壁画唐代女供养人

唐代三彩镂空花座

一。有些坐床上还会有屏风。虽然叫坐床,但是这种床一般是跪坐或者盘坐的。

寝床一般都有帷帐。李白《平虏将军妻》诗云:"出解床前帐,行吟道上篇。"这里应该是解寝床上的帐。

床还有两种特殊的形制,即胡床和绳床。胡床类似于今天可折叠、像马扎一样的椅子。李白《寄上吴王三首》第二首云:"去时无一物,东壁挂胡床。"这首诗便直接点出了胡床二字。杜甫《树间》诗:"几回沾叶露,乘月坐胡床。"胡床轻便灵活,还可以放到船上。白居易《咏兴》云:"池上有小舟,舟中有胡床。床前有新酒,独酌还独尝。"

绳床,类似于今天的靠背椅。唐代郑谷诗云:"每思闻净话,夜雨对禅床。"绳床一开始主要是在寺院中使用,故也称禅床,后来才普及到民间。李白《草书歌行》诗云:"少年上人号怀素,草书天下称独步。……吾师醉后倚绳床,须臾扫尽数千张。"描写出僧人怀素坐在绳床上写草书的

唐代佚名《宫乐图》

情景。之后,绳床中有一类就发展成为"椅子"。到了唐代后期"椅子"一词才出现,并逐渐流行起来。高坐具逐渐取代了席地而坐,随之而来的就是高脚桌子的出现。榻也有坐榻和寝榻之分,其实床与榻在唐代已经很难分清楚。

(二)几案

几有两层含义:第一,几类似于轵,表面平直,不是很宽,下置双足。当人盘坐在床榻或茵褥上的时候,就将

143

唐代碧地彩绘几　　　　　　　　　　　　　　唐代粉地彩绘八角几

身子靠在几上，让身体得到暂时的休息。这种行为叫作伏几、凭几或凭轼。第二，几与案意思相同，几案类似于现代的桌子、茶几。席地而坐的时候，几案都比较矮，类似于现在北方窑洞里使用的炕桌。随着椅子等高坐具的出现，几案也开始升高。

唐代红漆橱　　　　　　　　　　　　　　　　　　　唐代三彩方柜

（三）橱柜

在唐代橱和柜的形制类似。但橱可能用来放书卷的为多，而柜则较多用于放钱财和衣服。而且大多数情况下，橱没有门，而柜有门，还带锁。柜的分类有：竖柜，类似于现在的大立柜；床头柜，古今差不多；食柜，专门储放食物的柜子。

第四章 纵横阡陌

顺畅便利的道路交通

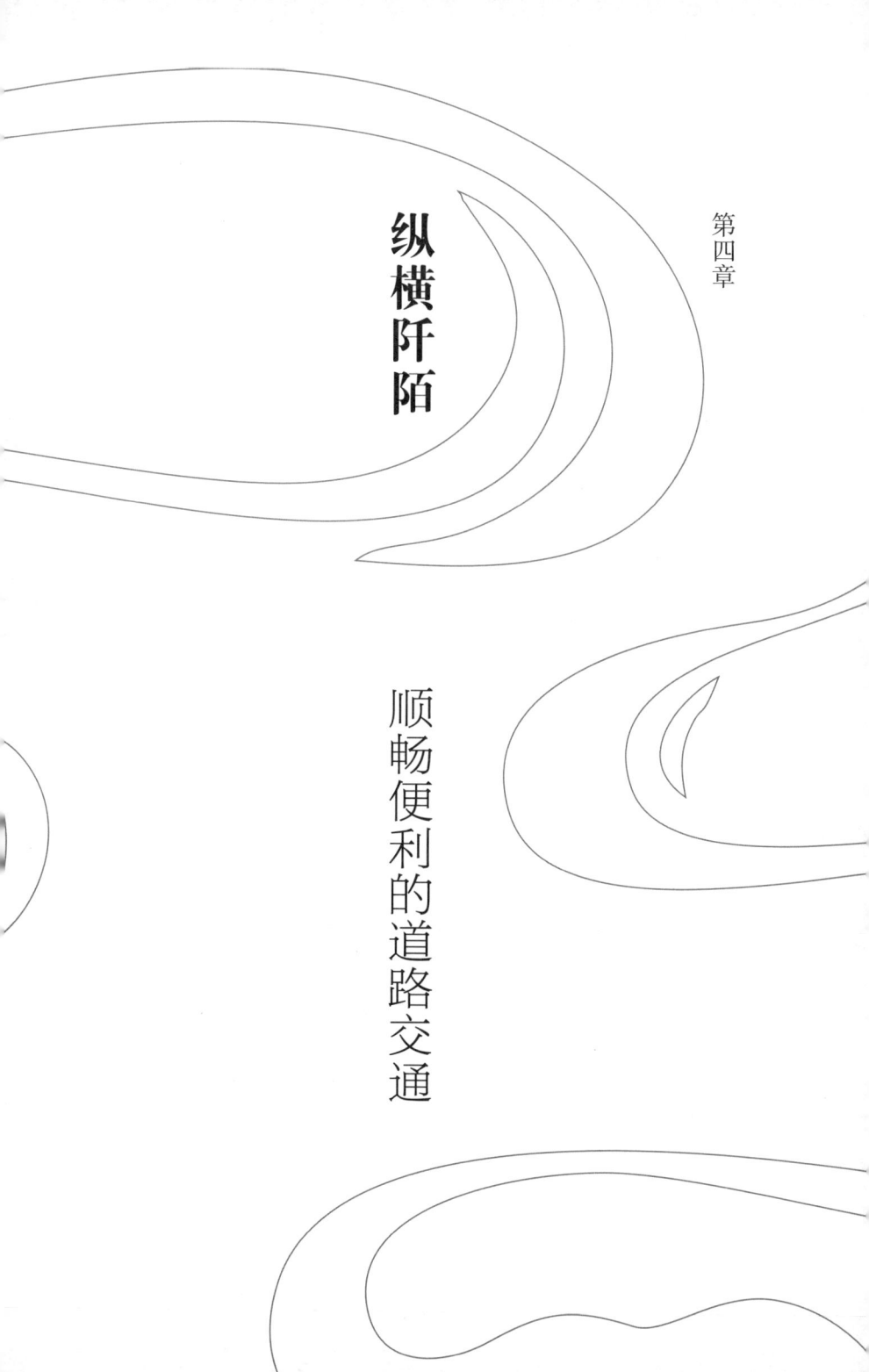

唐代有一位宰相叫韦执谊，向来不喜欢岭南，也就是今天的广东、广西、海南等地区，因为这里是唐代流放犯人的主要区域，而且气候卑湿，还有瘴气、蛊毒，容易生病早亡。他在尚书省做郎官的时候，曾经和同僚一起去兵部的"职方司"观看地图，这里负责掌管和绘制唐代的国家地图。他每次看到岭南的地图时，便会闭起眼睛，命人快快把地图拿走。韦执谊升为宰相之后，有一天在官衙的墙壁上看到一幅地图，马上回头不再直视。几天之后，他才发现那是一幅崖州的地图。崖州就是现在的海南省三亚市。韦执谊心里很不痛快，非常反感，认为不吉利。后来，他果然被贬到崖州，而且在那里病逝。现在的三亚是度假胜地，游人如织，但在唐代却真的是"天涯海角"、有去无回的地方。

第一节　道路

唐代的道路是以长安和洛阳为中心，根据地形特点呈发散式分布，可以说条条大路通长安。唐代的道路受地形、地貌影响很大，基本都是在自然形成的基础之上人为加以干预。据一些学者研究，唐代道路干线的总长度在七万里以上。今天从漠河到三亚的直线距离大约是八千里，上海到伊犁的距离接近一万里。

一、山回路转不见君：陆路

唐代最宽的道路可能是长安的朱雀大街，可达 150 米左右。其余的道路有 35~65 米、20~25 米、15 米等几种不同的规格，主要是受到地理因素和人为政治因素影响的结果。比如一些栈道、盘道等山路，肯定不会很宽。

唐代的官道两边一般都会种树，主要有四点原因：第一，辨识道路，区分官道；第二，树大根深，可以稳定路基；第三，路人可以在树荫下乘凉休息；第四，绿化美观，减少风沙。隋代的长安和洛阳就有很好的道路绿化。

隋炀帝时期为了在外来的胡商面前炫耀国家的财富，就命人在洛阳丰都市街道两边的树木上都缠上丝绸。胡商们一看，惊讶不已啊！但时间长了就发现不对劲了。当时正值冬天，他们发现那些贫穷的人穿的衣服都不能把躯体盖住，为什么浪费钱去干缠树这种事情呢？唐高祖李渊率军攻入长安之后，财政出现了困难，有一位叫刘世龙的大臣就建议："咱们的军队有数万之众，都在京师驻扎，现在是烧火用的木柴贵而作为实物货币的布帛便宜。如果砍伐了街道两边和禁苑中的树，再劈成烧火的柴来换取布帛，那么一年就有几十万匹布帛的可观收入。"李渊采纳了他的意见。可见当时道路两边都种有树。

五代关仝《关山行旅图》

唐代道路边种的主要是槐树。唐高宗永隆二年（681），太平公主出嫁薛绍，当时场面非常盛大，送亲的人很多。由于古代的婚礼一般都是在黄昏时候才开始，所以晚上送亲队伍都打着火把，结果当晚竟然熏死了多条街上的槐树。唐德宗贞元十二年（796），有大臣提出官街上的树比较少，应该安排相关部门种点儿榆树。当时的京兆尹就提出反对意见，说应该种槐树，怎么能种榆树呢？唐德宗当皇帝的时候，朝廷打算把长安到洛阳之间道路上的槐树全部砍掉用来造车，然后再补种小树。当时渭南县尉张造接到命令后觉得不妥，他认为要造车，难道没有其他好木头吗？这些树已经长了很久，枝繁叶茂，而且有很多排，规模宏大，行人可以在树下休息，这不是很好的事情吗？于是他把自己的意见上奏给朝廷，朝廷最后就停止了这次砍伐行动。

唐代的道路除了皇宫中会铺砖以外，其余的基本都是土路。最害怕的就是下雨，尤其是连绵几天甚至更久的大雨。那样的话道路会非常泥泞，往来行走非常不便。如果道路太泥泞，官员上朝就会很不方便。遇到这种情况，有时皇帝就会下旨休假三天，免去官员路上跋涉的痛苦。唐代有一个叫熊执易的人去长安参加制举考试，到了潼关遇到绵绵秋雨，雨下了有一个月，道路无法通行，就滞留在旅店中。忽然他听到隔壁有一人在不断地唉声叹气。熊执易就去问是怎么回事。这个人说："我是前尧山令樊泽，到长安参加制举考试。但到此以后，马给累死了，钱也花完了，不能再前行了。"熊执易就把自己的马和钱都给了樊泽，让他去参加考试，自己当年就没有去成长安。最终樊泽考中了。熊执易的仁义之名从此就传播开了。

为了解决长安道路泥泞的问题，唐玄宗天宝三载（744），京兆尹萧炅就上奏请求修一条甬道，上面铺上沙子，修到朝堂为止。唐代制度规定某人做了宰相之后，会在其门前铺一条很长的沙路，以示尊崇，美称为"沙堤"。杜甫有诗云"府中罗旧尹，沙道尚依然"，就是有沙堤的例证。据说还有一些富人用铜钱筑路，以防地面湿滑泥泞。但不怕别人偷吗？而且路能铺多长啊？这更可能是炫富的方式。

唐代的道路上还有一种专门用来标识里程的设施——

里隔柱。日本入唐求法僧人圆仁就见过这个,所以在日记里还专门进行了记载,让我们有幸可以知道它的形制。圆仁如此记载:"唐国每行五里就会立一个候子,行十里就立两个候子。筑成有四角的土堆,上狭下宽,高约四尺或五尺,称之为'里隔柱'。"我们现在的高速公路上也有标志里程的牌子,可见唐代道路设施的发达。这在唐诗中也有反映。比如韩愈的《路傍堠》:"堆堆路傍堠,一双复一只。迎我出秦关,送我入楚泽。"堠,就是候子。李咸的《早行》:"家国三千里,中宵算去程。……发来经

宋代佚名《玄宗打球图》

几堠,村寺远钟声。"晚唐诗人罗隐还专门写了《堠子》一诗:"终日路岐旁,前程亦可量。未能惭面黑,只是恨头方。"

二、杨柳渡头行客稀:水路

自然形成的江、河、湖、海等本身就可以作为水路,但是为了运输方便,也会开凿建设出新的水路。相比陆路运输而言,水路运输有几大好处:第一,水路运输量比陆路车载马运要更大;第二,马驴等运输还需要草料,船运输不需要;第三,船运更稳,不像陆路颠簸;第四,陆路遇到雨天会道路泥泞，无法通行，水运没有这种烦恼。

　　唐代最为重要的水路是隋代修的大运河。隋代开凿运河主要有五次。第一次是在隋文帝开皇四年（584），开凿广通渠，从大兴城（唐长安城）至潼关入黄河，全长约三百里。这就是说黄河的船可以直接开到现在的西安市。当时主要是为了运送东方的粮食和物产。第二次是在开皇七年（587），开凿山阳渎，北起山阳（今江苏省淮安市），南至江都（今江苏省扬州市），沟通了淮河和长江之间的运道。开皇九年，隋灭南陈统一全国的战争就利用了这条水路。第三次是在隋炀帝大业元年（605），开凿通济渠，连通了黄河与淮河。同年，疏通改造了吴王夫差所开的邗沟，取代了山阳渎。第四次是在大业四年（608），开永济渠，以黄河为出发点，北上至涿郡（今北京市西南），全长约两千多里。第五次是在大业六年（610），开凿了江南河。北起京口（今江苏省镇江市），途经苏州，南至余杭（今浙江省杭州市），把长江与钱塘江连接起来，全长约八百多里。

　　大运河宽60多米，两岸有御道，御道两旁还种了柳树。唐代开通的水路渠道最少也有26条,其中,唐玄宗天宝年间,在陕州(今河南省三门峡市)开凿了天宝河。因为此段水险山艰,是黄河中游最狭窄的一段,从洛阳到长安运输常常在这里受阻,新开的水路就避开了这段。天宝河长5里、宽15米、深9米,虽然不长,但工程难度很大。

运河不仅便于将东南的粮食与物品运送到长安,而且为南北客商的货物运输提供了便利。比如隋末翟让起兵造反,徐世勣(李勣)给翟让献计说,洛阳东面的运河有很多商旅往来,如果打劫可以解决他们的军费问题。

架在河流上的桥梁也是重要的道路。盛唐时期,由中央尚书省工部水部司负责的大桥梁有11座。浮桥有4座:黄河上的蒲津桥、大阳桥、河阳桥,洛水上的孝义桥。蒲津桥在黄河两岸各有4尊铁牛,下面还有铁盘和铁柱,一组重达70多吨。铁牛旁边各站一铁人,此外还有两座铁山、4个铁墩、一组七星铁柱,这些都是用来拴跨两岸的粗铁链的。在铁链间又固定有浮船,再在上面铺板以形成桥面。大阳桥长76丈(约228米),宽2丈(约6米)。石柱桥有4座:洛水上的天津桥、永济桥、中桥,灞河上的

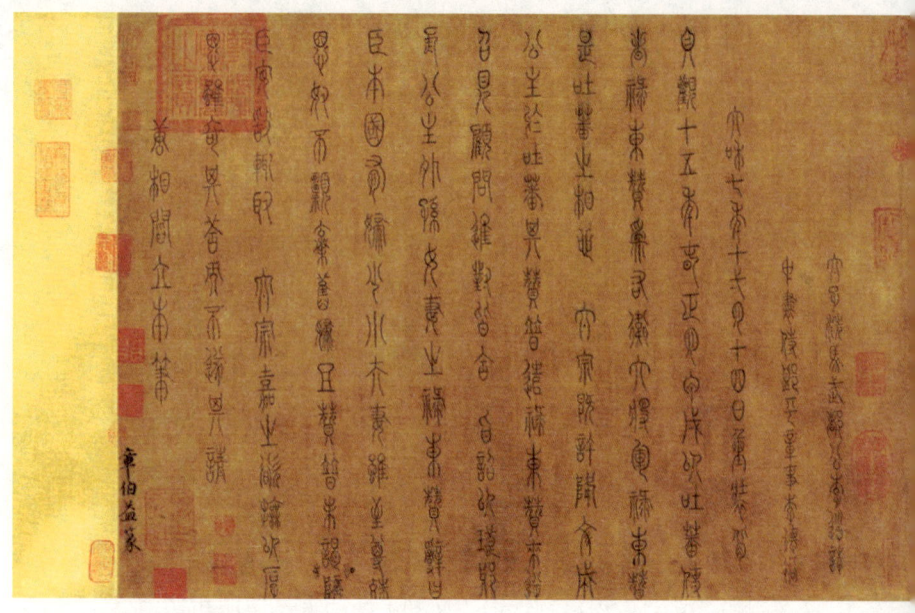

灞桥。永济桥长40.3丈（约121米），宽2.6丈（约8米）。木柱桥有3座：渭河上的便桥、中渭桥、东渭桥。其余的桥则由地方州县官员负责营建和维修。

由于地形所限或其他原因没有造桥的水道上，会设有津渡，并配置渡船。比如白马津有船4艘，龙门关津有船3艘，这些都是根据客观需求而设置船数，负责撑船的叫渡子，由国家负责安排。

唐代阎立本《步辇图》

第二节 交通工具

一、翩翩平肩舆：人力交通工具

唐代有一种人抬的出行工具叫步舆，使用的范围多在宫廷和贵族、官僚及其家眷中。历官北周、隋、唐的李纲，是一位忠义刚正的大臣，入唐之后，备受高祖、太宗的礼遇。但是他有"太子杀手"之称，为什么呢？李纲在隋文帝时期任太子杨勇的太子洗马；唐高祖时期任太子李建成的太子詹事；唐太宗时期任太子李承乾的太子少师。结果三位太子两位被废、一位被杀。唐太宗贞观四年（630），84岁的李纲年事太高，腿脚已经不方便，走路很困难。唐太宗特赐给他步舆，直接抬他到殿门外。多次抬到禁内，向他咨询治国之道。又让他坐着步舆到太子东宫，皇太子要亲自去迎接。步舆入宫，在唐代是一种非常高的荣誉。

如果以抬的方式来分，步舆主要分为三种：肩舆、腰舆、襻[pàn]舆。肩舆，就是扛在肩上抬。唐玄宗即位初年，选了褚无量和马怀素做自己的侍读，侍读就是陪皇帝读书，有疑惑就请教二位，相当于皇帝的老师。褚无量和马怀素到了閤门，就会坐肩舆进入内宫。唐玄宗会亲自迎接他们，以师傅之礼相待。唐德宗时期的宰相崔祐甫患病之后，德宗特恩准他坐肩舆到中书省上班，躺着办公。唐宪宗时期，今天山东地区淄青节度使李师道叛乱。一个叫郑怀古的人就和弟弟抬着肩舆，偕父亲一起到洛阳避难。由于昼夜奔逃，两个肩膀都磨得起了疮。白居易《东归》

诗云:"翩翩平肩舆,中有醉老夫。膝上展诗卷,竿头悬酒壶。食宿无定程,仆马多缓驱。临水歇半日,望山倾一盂。"这首诗描写的是白居易晚年从长安东归洛阳时的情景,他就是乘着平肩舆,也就是肩舆。白居易喜欢坐肩舆的主要原因是肩舆比较稳,他在《早夏游平原回》诗中写道:"夏早日初长,南风草木香。肩舆颇平稳,涧路甚清凉。"由于所用的材质、样式及颜色等方面的差异,肩舆又有软舆、板舆、竹舆、彩舆、绿舆、藤舆、卧舆等种类。肩舆,又称为担子,是后世轿子的原型。从唐高宗时期开始很多妇女就不再乘车,而开始抛头露面坐担子。虽然朝廷下令禁止,但是却无法阻挡这种潮流。唐德宗时期,名将李晟的女儿嫁给崔枢。李晟生日大宴亲朋宾客,他的女儿不顾生病的婆婆前来祝寿,被向来治家严谨的李晟大骂了一顿,并让她立刻坐上担子回家去。到了唐文宗时候,妇女乘坐担子已经非常普遍,无法禁止,于是就下令做了制度上的规定。外命妇一品、二品乘坐担子,抬的人不能超过八个;三品不能超过六个;四品、五品以下的不能超过四个。吏、庶人和商人的妻子不能坐担子,如果是因为年老或有疾病，可以坐兜笼（类似于今天四川地区的滑竿），但是不能超过两个人抬。唐代皇帝屡屡禁止妇女乘坐担子，就是因为它没有遮挡，这与我们今天熟知的轿子是不一样的。

腰舆，就是用手来抬，舆在腰的高度。褚无量年老羸弱，唐玄宗特命人制造了腰舆给他，在内殿就命内侍宦官来抬他。武则天曾经要去洛阳的万安山玉泉寺，因为山路曲折狭窄比较危险，便想坐腰舆上山，但被大臣谏止。坐腰舆走山路，可能就是因为腰舆体积不大，回转灵活。

到了北宋才出现了"轿"这种名称。北宋时期乘坐轿子的人很多。唐代的官员上朝基本都是骑马，而宋代官员基本都是坐轿子上朝。有些大臣就认为官与民都乘轿子，不分尊卑，不成体统。于是宋太宗规定，只有有品的官员才能坐暖轿。暖轿就是轿顶上用布盖着。这种形制的轿子在唐后期已经出现。另外还有一种四周用帷遮挡起来的轿子，称为"暗轿"，这就和我们熟知的轿子形制差不多了。所以，轿子形制的变化有一个从开放到封闭的演变过程。

　　檐舆，也是用肩抬，但是会在舆杠上系一根带子挎在肩上。比如阎立本所绘的《步辇图》，唐太宗所坐的其实就是檐舆。我们从前面侍女肩上的带子就能看出来。

二、草色青青送马蹄：畜力交通工具

　　在唐代，驴是最普通的畜力交通工具，骑驴的多为下层民众。隋代有一位富家公子杜子春，平时吃喝玩乐，不务正业，最后落了个倾家荡产。有一天，到了傍晚他还没有吃饭，衣破腹空，蹲在东市的西门，仰天长吁短叹。有一位老人可怜他，便给了他三百万贯钱。结果杜子春还是不好好经营家业，一两年间钱就逐渐花完。衣服车马，从贵的换成便宜的，不骑马改骑驴，不骑驴改步行。骑马与骑驴，还是有社会等级差别的。唐玄宗时期有一个叫张鷟的人，他是岐王府的属官，有一天他梦到自己穿着绯色官服却骑着驴，梦中他还奇怪：我穿绿色的官服都骑马，怎么穿绯色官服了还骑驴呢？唐代四五品官穿绯色官服，六七品官穿绿色官服。可见骑马和骑驴者的身份差别。王梵志写了一首反映骑驴者心态的诗："他人骑大马，我独跨

唐代李寿墓壁画《备马侍行图》（局部）

唐代李寿墓壁画《骑马出行图》（局部1）

唐代李寿墓壁画《骑马出行图》（局部2）

唐代李寿墓壁画《骑马出行图》（局部3）

驴子。回顾担柴汉，心下较些子。"自己骑驴，别人骑马，自己心里不平衡，但回头看到徒步走挑着柴的人，心里又能好受些，因为还是比他强一点。

因为唐代骑驴最为普遍，所以还出现了赁驴或雇驴的行业。有一个叫马震的人住在长安的平康坊，一天忽然有人敲门，打开门一看是赁驴的年轻人。年轻人说：刚才有一位夫人，在东市赁了我的驴，进了这个宅子，说到了付钱的，但是现在却找不到她了。唐律规定，租别人的驴一天要三尺绢。我们还得感谢入唐求法的日本僧人圆仁，他让我们知道了不少唐人日常生活中的小事。他在唐文宗开成四年（839）四月七日，在海州（今江苏省连云港市）雇了一头驴，当时的价格是骑驴行走二十里，给五十文钱。这有点类似于今天的出租车吧。

唐代上自皇帝、下到普通百姓，只要经济条件允许，还是会选择以马作为交通工具。唐玄宗有一回祭祀南郊，去的时候坐的是车，回宫的时候就骑马扬鞭而返。唐玄宗在华清宫的时候，便乘马出宫门，去虢国夫人家串门。唐代的官员由于上朝时要骑马，做官以后朝廷会给配置马匹。

这也是按照官品高低来分，一品官给十五匹马，二品给十匹，最后九品给两匹。有钱人家会养几十匹甚至上百匹马，于是宅中会专门建有马厩。

唐代社会开放的表现之一就是女子可以穿着男装甚至胡装，骑马驰骋。唐玄宗骑马游幸出行时，杨贵妃也骑马随侍左右，由高力士执辔授鞭。唐代著名画家张萱所绘《虢国夫人游春图》中有八骑九人，除两位男侍和一个怀抱中的小孩外，其余骑马者皆为女性。考古工作者在唐墓中也发现了很多骑马女俑，这应该是对当时女性骑马的社会风俗的一种体现。

除了骑驴和骑马之外，唐代的畜力出行工具还有骡、牛、骆驼、象等。骡子在唐代用得也比较多。申蔡等州的节度使（管辖范围大致在今河南省信阳市、汝南县）吴元济，由于当地马匹少，就组成了一支骡子军用来打仗。还见一些骡子运输或驮重物，也有一些胡人、奴仆等骑骡子。牛主要是用来拉车，单骑的比较少。隋末英豪之一李密，小时候骑在牛背上读书，受到杨素的赞赏。骆驼主要用于北方沙漠地区，尤其是丝绸之路上用于载人或驮货物。考

敦煌壁画《宋氏出行坐骑图》

古工作者在唐代墓葬中发现了不少骑骆驼的胡人唐三彩。唐玄宗时期的重要将领陇右节度使哥舒翰，每派使者到长安上奏，使者常常骑着白骆驼，而且走得很快，日行五百里。唐代使用大象的主要是今天的云南地区，主要用于出行或载物。

唐代的畜力车也是重要的交通工具。大体来说，在唐代，民间牛车较多，官员乘马车较多，但有些官员也喜欢坐稳当的牛车。此外还有驴车、骆驼车，等等。

白居易在《卖炭翁》中就描写了一位满面黝黑的卖炭

敦煌壁画《骑牛迎石佛图》

老翁,赶着牛车载着千余斤的木炭到长安城来贩卖。牛车主要用来运输。隋末宇文化及杀害了隋炀帝之后,就从江都(今江苏省扬州市)沿运河北上,抵达徐州后,水路不通,就抢夺别人的牛车,得到两千多辆,载着宫人和珍宝继续北上。由此可见民间牛车之多。元稹笔下也记载,唐宪宗时期平定藩镇之乱时,便是用牛车作为运粮工具。唐玄宗时期,杨贵妃的姐妹们就喜欢坐牛车。她们的牛车用

敦煌壁画《马车图》

黄金和翡翠来装饰，还镶嵌很多珍珠和美玉，一辆牛车最高市值能达到数十万贯钱。但由于装饰的珍宝太重了，以至于牛都拉不动，只好再换乘马。牛车比马车有一个好处就是走得比较稳，不至于很颠簸，王公贵族在车上喝酒、读书、睡觉都不会很难受，但缺点是走得比较慢。五代时期有一个人叫李如实，他在车上放了一壶酒、一张琴、几册书，一边走一边朗读。从车的稳定程度上来看，可能是

敦煌壁画《供养人与牛车图》

牛车。马车一般都讲究速度或威风。五代十国时期前蜀皇帝王衍喜好游幸,他就发明了一种叫"流行辇"的车。此车有四根轴,每轴有五个轮子,共二十个轮子。用骏马来牵引这辆车,奔驰如飞。可以想到如果用牛拉车,那么就会慢得像蜗牛一样了。所以现在有句俗语:"老牛拉破车",就是比喻某人办事很慢。皇家出行仪仗队的车,一般都是马车。驴车由于价钱较低,在民间比较普遍。骆驼车则是为赶时髦。骆驼车主要是在西北地区使用,但是到唐玄宗时期,一些贵族妇女就喜欢坐骆驼车,朝廷下诏都禁而不止。

三、劳歌一曲解行舟：水上交通工具

大运河开通之后，隋炀帝派遣黄门侍郎王弘到江南制造龙舟和杂船几万艘。龙舟有四层，高四十五尺（15米左右），长二百丈（600米左右），最上层是正殿、内殿、东西朝堂，中间两层有120间房，都用金玉来装饰，最底下一层由内侍居住。这当然是一种夸张的文学描述，但我们也可以从中遥想隋炀帝龙舟的气派景象。文武百官乘漾彩、朱鸟、玄武、飞羽、白虎、五楼、道场、玄坛等各种舟船。士兵乘青龙、八棹、艇舸等战船。引龙舟的纤夫有1080人。船上系着六条青丝大绦绳，每条绳子由180人来牵引，分三班倒。这支庞大的船队从洛阳出发，50天后才全部发完。舟船连绵两百多里，两岸保卫的骑兵有二十多万。每停在一个地方，五百里内的官员百姓都要负责接待。

开皇八年（588），隋文帝杨坚在为发兵征讨南陈做准备时，就命杨素在长江上游建造战船，当时有五牙、黄龙、平乘、舴艋等用途各异、形制和规格不同的船只。其中五牙战船之上五层高楼，高达百余尺，也就是33米左

敦煌壁画《纤夫图》

右,相当于现在十层楼的高度。左右前后置六个拍竿来划,长达五十尺,也就是16.5米左右。此战船可以容纳八百名战士。黄龙战船也可以容纳百余人。到了唐代,造船技术得到进一步发展,唐代的战船有楼船、蒙冲、战舰、走舸、游艇等,其中有一种叫"海鹘"的战船,头低尾高,前大后小,形状像鹘一样,无论风浪再怎样大,船都不会翻。唐人李皋还设计出一种由转轮驱动的车船,也是轮船的前身,船两边各有一个轮子,排水前进,速度很快。

唐太宗贞观末年和高宗初年,为准备东征高丽,就曾几次大规模建造海船。贞观十八年(644),太宗令将作大匠阎立德等人到洪州(今江西省南昌市)、饶州(今江西省上饶市)、江州(今江西省九江市),建造海船400艘以运输军粮。贞观二十一年（647），又命宋州刺史王波利等发江南宣、润、常、苏、湖、杭、越、台、婺、括、江、洪十二州的工人制造大船和艓船350艘，准备海上远征。二十二年（648）又命越州都督府及婺、洪等州造海船和双舫1100艘。同时还命令阎立德到洪州制造浮海大船500艘。造船的范围遍布今天的江苏、浙江、安徽、江西等省，尤其是江西北部地区，成为当时的造船重地。

唐代商船的规模也非常可观。唐代宗、唐德宗时期洪州、鄂州等地在船上生活的船民与土地上的居民数量几乎等同。其中俞大娘的航船最大，养生、送死、嫁娶都在船上完成，驾船的工人达到几百人。南到江西，北到淮南，每年往来一次，贩卖货物做生意，获利非常高。

泛舟出游，并在船上饮酒作乐，在当时是非常时髦的一种出行享受方式。唐代一些富商的大船会把歌伎、乐人、男奴、女婢都聚在船上。陆龟蒙的《奉和袭美太湖诗二十首·明月湾》云："但当乘扁舟，酒瓮仍相随。或彻三弄笛，或成数联诗。自然莹心骨，何用神仙为。"作者认为泛舟湖上喝酒弄笛、吟诗作赋比神仙还快活。陶渊明的第

敦煌壁画《远山归帆图》

九代孙陶岘,在唐玄宗时期赚了不少钱,但不愿意当官,就四处游玩。他自己制造了三艘舟船,非常坚固灵巧。一舟自己坐,一舟让宾客坐,一舟贮藏喝的和吃的东西。他的宾客有前进士孟彦深、进士孟云卿、布衣焦遂,都各自安排仆人和妾坐同一条船。陶岘还在船上安排了女子乐队来奏清商曲。

唐代有些人需要船而没船的时候,还可以租船、雇船。唐玄宗天宝时期,有一位姓崔的县尉要去吉州(今江西省吉安市)赴任,就打算赁船而去。他的仆人打听到有一位姓孙的吉州人运货过来,空船回去,租这条船会很便宜。日本僧人圆仁想要去楚州(今江苏省淮安市),遇到新罗人陈忠,他的船恰好载着炭要去楚州,经过商议,陈忠向圆仁要了五匹绢作为船费。

第三节　馆驿及其他

一、翠驿红亭近玉京：驿站

唐代在官道上广泛设置了馆驿。馆驿，就是为出行的官方使者和官员提供住宿并供应饭食及出行工具的场所。馆驿，在唐代还叫作邮亭、邮舍、亭候、传舍等，这些基本都是延续前代的称号。唐代官员远行万里，可以不带一文钱，就是因为可以享受馆驿提供的服务。

唐代每隔三十里就置一馆驿。根据水、陆不同，设有陆驿、水驿和水陆相兼三类。盛唐时期，全国有陆驿1297所、水驿260所、水陆相兼的驿86所，共计1643所。根据所处地理位置不同，馆驿规格也不同。如都亭驿设在长安和洛阳之间，为使节和官员往来频繁之地，所以规格最高。其他各地的馆驿则根据需求的大小，分为六种不同的等级。如长安到汴州的为大路驿，长安到荆南的为次路驿。

馆驿最重要的职能之一就是为出行的官员提供住宿和

饮食。馆驿有驿楼、驿厅、驿厩、驿库等。驿库有很多，有酒库、粮库、茶库、咸菜库等。更大的驿站还有池沼、竹林、舟船，官员还可以放松玩耍一下。

唐代馆驿的另一个重要功能是为官员提供出行工具。主要是朝廷给配备的驿马。驿马数量也有等级之分。都亭驿最好，配备了约75匹驿马，有时甚至会超过100匹。其他第一等馆驿配备60匹马；第二等配备45匹；第三等配备30匹；第四等配备18匹；第五等配备12匹；第六等配备8匹。在山势险峻和暑湿之地，一般的马不能适应当地环境，还专门配备了善于爬山、个头小、耐热的蜀马。不同品级的官员所能使用的马匹数量也有规定：一品给马8匹，二品6匹，三品5匹，四品、五品4匹，六品3匹，七品以下2匹。这是给驿马的数量，此外还有传马。两者的区别是：驿马是属于馆驿的马，传马是属于馆驿所在州县马坊的马；驿马多用于急事，传马则用于一般公务。给传马的数量规定是：一品10匹，二品9匹，三品8匹，四品、五品4匹，六品、七品2匹，八品、九品1匹。

但是到了唐后期以上的规定已经徒具虚文，馆驿管理遭到非常严重的破坏，奉命出使的宦官更是常常不遵规定。唐穆宗长庆元年（821），著名书法家柳公绰所上奏文就反映了这样一种情况：奉敕出使的宦官，穿紫衣、绯衣的乘马二三十匹，穿黄衣、绿衣的不下十匹。馆驿的工作人员不能检查他们的公文，想要多少就要多少。驿站没有马了，就抢夺往来路人的马匹。官员和百姓深受其扰，路上行人差不多快断绝了。因此柳公绰请求朝廷规定宦官使者用马的数额。唐穆宗就命宰相制定法规，对宦官进行了约束。此后，宦官便对柳公绰怀恨在心。

馆驿本来是由官员自己使用的，其家属不能住在官方馆驿之中。但一些官员赴任时会带着自己的妻妾子女、男仆女婢等，一般也都会安排他们的食宿。那样的话，问题就来了，这些钱是国家的钱，预算的时候只有官员，没有其家属，这样无疑就给馆驿带来经济上收支不平衡的问题。唐代宗永泰元年（765），理财大臣第五琦就建议制定新的规定：官员无故不能长期滞留在馆驿中白吃白喝白住。如果有家人或奴仆随行，他们要住到附近的旅店里，不能住在馆驿中。馆驿也不能给他们供应生活杂物、饮食、材料等。

唐朝为保障水上交通的通畅，和陆上馆驿一样，在水路上也设置了水驿。水驿根据路线的繁忙程度来设置船的数量，如比较繁忙的水驿安排 4 只船，稍微清闲的水驿安排 3 只船，更闲的安排 2 只船。每只船上都会配备 3 名船丁，负责驾船。而且还招募有水夫，让他们作为拉船的纤夫。水夫都是由水驿附近的人来充任，工作非常辛苦。唐代诗人王建在《水夫谣》中就描写了水驿水夫的辛苦生活。诗文如下：

苦哉生长当驿边，官家使我牵驿船。辛苦日多乐日少，水宿沙行如海鸟。逆风上水万斛重，前驿迢迢后森森。半夜缘堤雪和雨，受他驱遣还复去。夜寒衣湿披短蓑，臆穿足裂忍痛何。到明辛苦无处说，齐声腾踏牵船歌。一间茅屋何所值，父母之乡去不得。我愿此水作平田，长使水夫不怨天。

大意是说：生在水驿旁边真是苦啊！官府强迫我去拉驿站的行船。天天很辛苦，快乐的日子很少。晚上睡在船上，白天要在沙堤上拉船，生活方式就像海鸟一样。逆风逆水拉着非常重的船，从一个驿站到另外一个驿站。半夜沿着沙堤迎着雪与雨前行,返回后还没来得及好好休息就被迫去拉下一趟。在寒冷的夜里,湿透的衣服更增添几分寒意,但却只能披上短蓑。胸口被绳子磨破,脚也冻裂了,但是还得忍痛去拉船,真是无可奈何呀!等到天亮,一夜的辛苦只能自己承受,没有办法和别人倾诉。叹一口气,大家再次齐声吼起拉船歌,既是鼓劲也是发泄自己内心的苦闷吧。家中贫穷,也就一间破茅屋能值几个钱。如果远走他乡,抛弃了这里的所有也没有什么可惜的,但是我的户籍就在这里,政府牢牢控制着我的人身自由,使我不能迁徙到他乡。我最大的希望就是把这河水变成平整的良田,那么我们水夫就再不用拉船再不用抱怨苍天的不公了。

唐代有一个著名诗人元稹住水驿的故事。唐宪宗元和五年(810),担任监察御史的元稹在返回长安途中住在了华州(今陕西省华县)的敷水驿,被安排在规格比较高的上厅之内。宦官刘士元在其之后才到了驿站,但是他非得住上厅,让元稹搬出来。按照当时的规定,御史地位更高。元稹就据理力争,不愿意让出来。结果刘士元大怒,推开门就闯进厅中。元稹见势不妙，没来得及穿鞋就往厅的后面跑。刘士元追上去，用马鞭抽伤了元稹的面部。后来唐宪宗以元稹有失御史威严为由，将其贬官。元稹就此开始了十余年困顿的生活。因为这件事影响很大，朝廷还专门颁发诏书做了规定：以后御史出使和中使在馆驿相逢，谁先到达，谁住上厅；晚到者则住在别厅。

二、幽斋特下高人榻：旅店

唐代的旅店大部分是私人经营，主要设在道路两旁或城郭内以供来往的客人住宿和餐饮。唐代的旅店，许多文献还有其他几种称法：旅舍、旅馆、客舍、邸店、邸舍、村店，等等。在开元盛世下长大的中唐名臣杜佑曾不无感慨地说道：在盛唐时期，南到荆州、襄阳，北到太原、范阳（今北京附近），西到川蜀、凉府（今甘肃省武威市），路上都有旅店供商旅们休息和餐饮。远行数千里，不用一寸的铁刃来防身。此说虽然有夸张的嫌疑，但是可以看到唐代旅店业的发达。

在唐代，旅店业是一种利润较为丰厚的行业。唐代有一个姓窦的人，书中称其为窦公。当时长安东市有一片空地，由于地势低洼，坑中都是垃圾等污秽之物。长安东市地价很高，可谓是寸土寸金。但由于这块地很差，窦公就以很低的价格把它买了下来。有人笑话他，说这块地不能盖房、不能开店，买的人肯定是傻子。窦公却是一位有头脑的聪明人。他让自己家的奶妈拿着一大盘煎饼出门，一边走还一边引诱正在玩耍的小孩说：想不想白吃煎饼啊？那就跟我走。奶妈来到窦公新买的空地上，在空地中间的低洼处用纸做了一个标杆。她对孩子们说：你们用砖头和瓦片来打这个纸标，打中一次就得一个饼。小孩子们争先恐后地找来砖头和瓦片抛向坑中，一会儿的工夫，坑就被填了百分之六七十。窦公又用好土把这片地填满，在这里盖起了旅店，专门招待从丝绸之路来到长安东市做生意的波斯人。当时窦公一天就能赚一贯钱，也就是1000文。没过多久，他就因此而成为巨富。唐代长安城在鼎盛时候有100万人左右，其中至少有1万人是每年来参加科举的学子或参加吏部考核选拔的官员。这批人一般都是在秋天就到了长安，或是活动关系，或是苦读复习，到第二年春天才开始参加考试与选拔。因此长安城内每年至少有1万名外地人需要长期住宿。这也就刺激了旅店行业的发展。唐玄宗曾专门下令禁止九品以下的官员开旅店，说明这个时候应该有很多低级官员开了旅店，兼营商业，赚取外快。

唐代旅店主要开设在道路附近或城市当中。杜佑曾描述，在盛唐时期，东到宋州（今河南省商丘市）、汴州（今河南省开封市），西到岐州（今陕西省宝鸡市岐山县），道路两边都开着旅店来招待往来的客人，提供住宿、餐饮等服务。每个旅店还租赁驴子给客人。可见当时旅店行业的繁荣。日本僧人圆仁在中国长期旅行，据其日记反映，从今天山东省到山西省这一段，大约每二十里到三十里就有一家旅店，和官方开设馆驿的距离差不多。其实从史料记载来看，像这种旅店一般就是和馆驿合设在一起，或者开在馆驿的旁边。这就方便了没有资格住馆驿的行人。

唐代的旅店除了给客人提供住宿之外，还负责客人的饮食问题。因此旅店的规模一般都不会很小。旅舍中有上、下房之分。房间内有床、榻，还有梳洗之类的生活用品。有一些房子是单人间，要价很高；更多的是一些大通铺，可以几个人同住。还有炉子供客人取暖，如果客人害怕水土不服或饮食不习惯，还可以自己做饭吃。还有些旅馆像饭店一样，由客人自己点餐吃，也有到吃饭时间通知客人聚集在一起吃大锅饭的，或者客人可以到旅店附近专门的饭店买饭吃。

唐代在一些人烟稀少或者路途艰险的地方，还会设置义井和义堂，供行人饮水与歇息。唐高宗上元年间（674—676），滁州全椒县（今安徽省全椒县）的仓督张须弥，由县里送牲畜上州里，所走山路可谓是充满艰难险阻。山路上就设有义堂和义井，以方便行人。傍晚时分，忽然天降暴雨，张须弥一行人就跑到义堂去避雨休息。

第四节　行旅风俗

一、自翦青莎织雨衣：出行用具

雨具是最重要的出行必备用品。唐代有一种叫"油衣"的防水衣。后世之人虽然认为隋炀帝残暴昏庸，但是这有一定的抹黑成分。他能当上皇帝与他懂得政治作秀是分不开的。在当太子之前,他就得了一个仁义忠孝的好名声。有一次观看将士狩猎表演,忽然乌云密布,天降大雨,杨广的侍者就拿出提前准备好的油衣给他穿。杨广说:广大士卒都在雨中站立着,我怎么能搞特殊呢?就命其拿开不穿。我们可以清楚地知道油衣的用途就是防水。永徽元年(650)唐高宗外出打猎,在途中遇到大雨。他就问谏议大夫谷那律:油衣是怎么做成的呀?为什么可以不漏水?谷那律说:如果能用瓦来避雨,更不会漏水。言下之意,是劝谏皇帝要以国事为重,不要经常出去打猎游玩。

唐代宰相孔拯在做拾遗的时候,有一次下朝回家,途中遇雨,自己恰好出门没有带油衣,于是就躲到附近一位老翁家的房檐下避雨。已经过了饭点,这个时候雨是越下越大。孔拯就向这位老翁借油衣。老翁说:"我呀,寒不出门,热不出门,风不出门,雨不出门,家中从来没有准备过油衣。但是我已经让人去铺上取了,可以借给你。"孔拯听完之后恍然大悟,觉得当官也未必好,在家中享福才妙。

唐代也有"雨衣"这种称法。开元元年（713），唐玄宗发布了一道诏令，规定：凡三品以上的文武官，以及中书侍郎、黄门侍郎，如果上朝时遇到下雨，可以穿着雨衣和雨帽到殿门外，并允许他们出入。在诏书中所称的"雨衣"，其实就是油衣。

唐代的油衣或雨衣大多使用油绢制成。具体制作方法如下：先取材质好的又紧又薄的绢，用生丝线缝成衣服形状。然后上油，等油干以后，用皂角水洗干净，然后再上油。如此多次，如果用水试验不漏了，就可以了。油衣一般都很软，而且又薄又光透。如果存放不当的话，油衣还会粘连在一起。唐人还有专门的"油衣粘连救急法"，用黄土和泥，和的像煎饼汤一样，然后在油衣的里外都涂一层，阴干，再用水洗去泥就可以了。

用绢做油衣属于高级雨衣，一般百姓还是穿用麻或者草编织成的蓑衣。最有名的是张志和的《渔歌子·西塞山前白鹭飞》中的一句："青箬笠，绿蓑衣，斜风细雨不须归。"唐许浑《村舍》诗云："自翦青莎织雨衣，南峰烟火是柴扉。"这里的青莎可能是指某种草，用来织成雨衣。

唐代也有伞，目前见到最多的是皇家或官员仪仗中所用的伞，这种伞多用于摆威仪，或有一定的遮阳功效。唐代的雨伞是油纸伞，早在北魏时期就已经发明了油纸伞。唐代一些官员或富人用的雨伞有可能与油衣为同一种材质，用油绢所制。南唐人周则，年少时地位很低，家里也穷，以制造雨伞为生，平常都是一天制造两把伞去卖。如果遇上淫雨连月，收入便很可观，因此周则就通过制伞创下了富贵的家业。如果南唐有专门制造雨伞的行业，那么唐后期也非常有可能已经存在。

唐代也有我们现在出门旅行所用的行李箱、旅行袋之类的东西。行李箱，在唐代就是"被袋"。材料有用布的，也有用丝绸的。一些官员或富人需要长期出门，就把自己四季的衣服都放在被袋之内。旅行袋，在唐代就是"照袋"，有时也称为"方便囊"。唐末王公贵族出行几乎都用方便囊，他们所使用的方便囊大多用上等的丝绸制作，里面放佩巾、梳子、镜子、香药、小书等。五代时的王仁裕非常喜欢旅游，每当春暖花开的时候，就喜欢乘坐矮小的蜀马驾的车出行，有三四名仆人侍奉。他随身带着马皮制成的照袋,里面放笔砚、刀子、笺纸、小乐器、小书等。

唐代的药王孙思邈还开了一张唐代居家和旅行必备的药物单,包括:熟艾、备急丸、辟鬼丸、生肌丸、疗肿丸,此外还有一些备急药方和辟毒蛇、蜂蝎的药物。

二、亦是茫茫客,还从此别离:送别风俗

唐代的送别诗有很多,如王维的《送别》:"下马饮君酒,问君何所之。君言不得意,归卧南山陲。但去莫复问,白云无尽时。"王昌龄的《芙蓉楼送辛渐》:"寒雨连江夜入吴,平明送客楚山孤。洛阳亲友如相问,一片冰心在玉壶。"唐代的送别方式最有名的就是"折柳赠别"。王之涣《送别》诗云:"杨柳东风树,青青夹御河。近来攀折苦,应为别离多。"这种风俗在汉代就已经有了,但是由于唐诗的影响与传播更广,所以唐代的折柳更为有名。如王维的《送元二使安西》更是家喻户晓,云:"渭城朝雨浥轻尘,客舍青青柳色新。劝君更尽一杯酒,西出阳关无故人。"还有施肩吾的《折柳枝》:"伤见路边杨柳春,一重折尽一重新。今年还折去年处,不送去年离别人。"这

就是以折柳赠别风俗为依托而写的诗。

唐代以长安人口流动最大，折柳风俗最盛，而长安又以灞桥为最重要的送别地点。灞桥是长安东去的必经之路，尤其是到今天山西、河南都从这里出发。灞桥，因为是离别之地，唐人又称之为"销魂桥"。李白的《忆秦娥·箫声咽》云："箫声咽，秦娥梦断秦楼月。秦楼月，年年柳色，灞陵伤别。"还有李益的《途中寄李二》诗："杨柳含烟灞岸春，年年攀折为行人。好风若借低枝便，莫遣青丝扫路尘。"灞桥能成为折柳之处，还在于灞河两岸筑堤达五里，所栽柳树上万棵。为什么是折柳呢？原因主要有三点：第一，"柳"与"留"谐音，折柳，表达出自己的挽留之意。第二，柳丝的"丝"与"思"谐音，也能表达自己的相思之情。第三，柳，在唐代及唐以前都被认为是辟邪驱鬼之物。折柳给对方，是希望对方在路途上鬼魅远离、毒虫不侵，平安抵达目的地。大慈大悲的南海观世音菩萨的形象就是一手托着玉净瓶，一手拿着柳枝。韩偓的《咏柳》诗云："褭雨拖风不自持，全身无力向人垂。玉纤折得遥相赠，便似观音手里时。"表现的就是这种形象。

如果是坐船出行的话，还有击鼓、祭神等风俗。如杜甫有诗云："负盐出井此溪女，打鼓发船何郡郎。"李郢的《画鼓》诗描写更加仔细："尝闻画鼓动欢情，及送离人恨鼓声。两杖一挥行缆解，暮天空使别魂惊。"这就是说水上坐船送别也击鼓，表达出"伤离别"的感情。

此外，一些商客开船出发之前，还要在船头祭神，祈求一路平安。张籍《相和歌辞·贾客乐》诗云："金陵向西贾客多，船中生长乐风波。欲发移船近江口，船头祭神各浇酒。停杯共说远行期，入蜀经蛮远别离。"其另一首诗《春江曲》中也反映了这种祭祀风俗："春江无云潮水平，蒲心出水凫雏鸣。长干夫婿爱远行，自染春衣缝已成。妾身生长金陵侧，去年随夫住江北。春来未到父母家，舟小风多渡不得。欲辞舅姑先问人，私向江头祭水神。"这里明确祭祀对象是水神。

唐代乘船出行除祭祀水神之外，一些地方还会祭祀船神，目的同样是希望得到神灵的庇佑，出行平安。唐代有孟公、孟姥两位船神，人们乘船远行的前一夜都要祭孟公、孟姥，在祭祀时还要呼叫他们两位的名字，用肉来祭祀他们。唐代宰相段文昌的孙子段公路在广州做官时，曾记载了亲身经历过的祭船神方式。唐懿宗咸通十二年（871），段公路随船到南海（就是现在的海南岛及其附近），驾船的人准备好牺牲和美酒来祭祀船神，并请段公路写一段祝词，就是对神所说的话。此外，段公路还记载当时岭南地区还保留了前代出船祭祀的一种风俗，就是在发船之前，要杀鸡，用鸡骨头来占卜。

第五章

传统与信仰并存

多姿多彩的唐代节日娱乐

第一节　节日

节日既是一个时期的重要风俗内容，也是一个时期人们休闲娱乐的重要时节。就唐代而言，这一时期的节日与前代相比有明显增多的趋势，一些新增添的节日，诸如中和节、佛诞节等都对我们后世的节日风俗产生了极大的影响。此外，以往并不重视的节令食品在唐代也得到相对的固定和拓展。总体而言，唐代节日按照其渊源可分为纪念性节日、时令性节日和宗教性节日三大类。

一、纪念性节日

为了纪念一些著名的人物及其事迹，人们往往会自发举行一些纪念活动和仪式。这些活动和仪式久而久之就逐渐演变为一个个全民节日。就唐代而言，这类节日有寒食节、端午节、乞巧节和诞节。

（一）不独明朝为子推：寒食节

在每年冬至过后的第105天左右，是古人的一个重大节日——寒食节。关于寒食节的来历，传说是为了纪念春秋时晋国人介子推而设立的。传说，介子推曾追随晋公子重耳在外漂泊十九年，重耳在成为晋文公后，欲赏忠心耿耿的介子推。而介子推并不愿受赏赐，在屡次推辞不受之后，便携母亲隐居于今天山西省的绵山之中。重耳为了逼迫介子推出山做官，便下令焚山。介子推坚守不出，最终抱树而死。为了纪念这样一位奇人，太原等地每到冬至后的第105日便禁止烧火，只吃冷食。寒食节的名称也由此而来。我们在这里且不论这则传说的真假，但寒食节的主要节日活动在唐代依旧为禁止烟火，仅吃麦粥、冷饧等事先准备好的食物。因此，寒食节也被称为"熟食日"。这种食用冷食的情况，直到清明节才算结束。清明节在寒食节后一到两天，因为在日期上非常接近，所以唐人常常将两节并过。

除了食用冷餐，斗鸡、打球、踏青、雕刻鸡蛋等也是唐人在寒食节时经常举行的活动。其中最特别的，当属雕刻鸡蛋的风俗。

早在隋代，染画、镂雕鸡蛋就已经成为风俗。白居易"玲珑镂鸡子，宛转彩球花"的诗句，就是对染画、镂雕鸡蛋的具体描述。在寒食节时，人们拿着自己精心雕刻的彩蛋相互比较、相互赠送。虽然这种活动深受普通百姓喜爱，但随着其中竞赛成分的不断加重，镂雕、彩绘鸡蛋已经不能满足人们的需求，更高级的假花假山、袖珍版的亭台楼阁更是成为一时风尚。这样的活动虽然给人带来了美学享受，似乎也在手工艺方法有所突破，但伴随而来的大量浪费则是不可避免的。因此，唐朝政府对于雕镂鸡蛋的风俗一直持反对意见，并屡屡加以禁止。但需要说明的是，政府所禁止的似乎仅局限在对鸡蛋的镂雕上，而彩绘鸡蛋则在开元以后仍然是中尚署在寒食之节向皇帝进献的物品。

（二）邑人相将浮彩舟：端午节

农历五月初五的端午节是中国的传统节日之一，也是讲究、忌讳最多的一个节日。关于端午节的来历，大家都已经耳熟能详。对于唐人来说，端午节最为重要的活动当属赛龙舟和佩戴续命缕了。

端午节的赛龙舟活动与今日一样，主要集中在南方的江淮地区。比如扬州城每年都要举行赛龙舟活动。根据文献记载，扬州城的龙舟竞渡不仅吸引着周边群众，就连官府也专设看棚以备观赏之用。此外，还有从各地征召而来的女乐穿梭其中，十分热闹。除了扬州，杭州城每年也会在钱塘湖上举行盛大的龙舟会。每到端午节前的数日，停靠在湖面上的船只都要被精心打扮一番，搭成高约数丈的水上看台。竞渡的方式与今日相类，由刺史主持，三声鼓响之后便开始比试。所谓"喧江雷鼓鳞甲动，三十六龙衔浪飞"，说的就是这激烈的竞赛场面。

除了竞渡龙舟外，端午节还要辟邪祈寿。相传，只要在端午节这天将五色彩线编织而成的长命缕佩戴于手臂之上，或者悬挂在门上，就可以辟兵止恶、延年益寿。因此，每年端午唐人都有赠送长命缕的习俗。即便是在宫廷，每逢端午时节，皇帝也要赐予百官长命缕。有关唐人端午节吃不吃粽子的问题，还没有明确的史料记载。但从唐玄宗《端午三殿宴群臣探得神字》诗中的"四时花竞巧，九子粽争新"一句来看，似乎唐人已经开始在端午节吃粽子了。

（三）家家此夜持针线：乞巧节

乞巧节就是我们今日所说的七夕节，是牛郎和织女在鹊桥相会的日子。由于织女的职责是为天廷编织云彩，因此，在古代便是纺织业者和女性的保护神。而在中国古代男耕女织文化之下，女性又往往是纺织业的主要从业者。因此，向巧手善织的织女祈求纺织技法则是乞巧节的主要节日活动和内涵。

在唐代，每至乞巧时节，女性纷纷于月下借着昏暗的月光埋线穿针。就连皇家女性也十分热衷于这项活动，每年七月七日中尚署就要进献七孔金针以方便后宫女性乞巧之用。除了对月穿针外，唐人还往往在此夜将蜘蛛放置在一个小盒子里，等到天明时开盒检视。如果蛛网结得又大又密，那么就意味着其拥有者乞到了巧；反之，如果蛛网又疏又小，则代表没有得到织女的垂青。这样的以蛛网乞巧的方式，最晚在南朝的时候就已经出现了，在唐代则成为与月下穿针同等重要的乞巧活动。

（四）金天诞圣千秋节：诞节

与其他三种民间自发形成的纪念性节日不同，诞节主要指的是为庆祝皇帝生日而专设的节日，带有一定的政治强制性的色彩。帝王的生辰自古都是极为隐秘的一件事情，一般都秘而不宣，以防止有心怀不轨之人以此加害、诅咒皇帝。但到了唐玄宗开元十七年（729），这一习俗迎来了颠覆性的改革。在这一年，玄宗接纳了丞相源乾曜、张说等人的请求，以自己八月五日的诞辰日为千秋节，正式颁布于天下，与民同乐。自此以后，皇帝的生日便成为全民休假、普天欢庆的诞节。

因为是皇帝的生日，所以在这一天，宫廷要举办大型的宴会以作欢娱。伴随着大型的歌舞表演，群臣纷纷向皇帝进献鞍马、银器、衣物、万寿酒等礼品。在家国一体观念下的古代中国，帝王生日固然是一件可喜可贺之事，但地方官员也往往借此机会大肆搜刮百姓、铺张浪费。这样的苗头在玄宗朝就已经出现了，玄宗曾就这一情况在开元二十二年（734）发布诏令，只允许地方在八月五日当天举办宴会，宴会的费用也需由地方财政解决，严禁官员借机向百姓摊派费用。但百姓的困苦并不仅仅局限在宴会费用的摊派之上，更多的则来自于诞节时向帝王的进奉，丹药、香料、金银器等昂贵的物品，都成为百姓沉重负担的来源。

随着佛教中国化的不断推进，以及唐代帝王对佛教的崇信，佛教信仰在此时也逐步渗透到了诞节风俗之中，设置道场、念经诵佛、供奉佛像、设斋奏乐都成为帝王贺寿的重要活动内容。

一般而言，帝王的诞日都有专门的诞节名称，如唐玄宗为千秋节，唐肃宗为天成地平节，唐代宗为天兴节，等等。但也有不专设诞节名称的，如唐德宗、唐顺宗、唐宪宗、唐穆宗和唐敬宗五位帝王就未曾专设名目。虽未设名目，却不代表诞节的取消。就整个唐代而言，无论专设名目与否，在唐玄宗之后，诞节庆祝活动都得到了一致的延续，并未有所中断。

二、时令性节日

我国是一个传统的农业国家，因此，对四季的轮转、晴雨的变化尤其敏感。我国古代农民在很早的时候，就在季节变化的过程中总结出了四时八节和二十四节气等与农业生产息息相关的时间节令。这些节令虽与时令相关，但却缺乏一些娱乐色彩。因此，我们在这里主要了解一些与季节转变相关，但又淡化了农事色彩的唐代节日。

（一）春盘先劝胶牙饧：元日庆典

元日又称元旦、岁日，也就是今日农历的正月初一，是古人观念中一年的开始，自然也是全年中最为重要的节日。

与今日相同，唐人在元日期间也讲究阖家团圆，一起品尝团圆饭。在元日家庭聚会中，唐人讲究按长幼尊卑饮用屠苏酒，如方干《元日》中言："才酌屠苏定年齿，坐中惟笑鬓毛斑。"还要让长者食胶牙饧来验齿之固否，白居易《岁日家宴戏示弟侄等兼呈张侍御二十八丈殷判官二十三兄》中即有"岁盏后推蓝尾酒，春盘先劝胶牙饧"之语。这一点在敦煌文献《郑氏书仪·节候赏物第二》中也有体现，其曰："岁日赏屠苏酒、五辛盘、假花果、狡（胶）牙饧。"食用胶牙饧的习俗直到宋代依然流行，宋人庄绰在《鸡肋编》卷中就说:"以饧胶牙,俗亦于岁旦嚼琥珀饧,以验齿之坚脱。"除了与家人团聚、享受天伦之乐外,亲戚朋友也会在这一节日当中,相互拜访以庆贺新年的到来。在国都长安,甚至会家家户户逐次举办家宴,以宴请周围的邻里街坊一同欢庆节日。

对于唐人而言,除了吃团圆饭、走亲访友之外,元日还有一项重要的节日内涵——祈求长寿。在正月初一这一天,唐人家家户户都会在院子里立起长长的竹竿,并在竿顶悬挂幡子以祈求家中人丁都能够长命百岁。除此之外,在民间还有许多避疾驱病,祈求来年身体康健、五谷丰登的习俗。比如唐人认为此日面向东边,以齑汁服食赤小豆14粒就可以一年不得疾病;又比如将麻子、小豆各14粒投入井中可以避瘟疫;还有在子夜之时,将家中用坏的笤帚于院落中烧毁,来年就可以获得大丰收;等等。

总之,元日是一年时令的开始,也是人们新生活的开始。因此,在这一节日中所有的祝福与仪式,都充满着时人对于新生活的期盼与希望。

（二）改晦为吉：中和节

中和节是唐德宗时期新设的节日，在每年的二月一日。唐人原先以正月晦日为春天的开始，是居民们踏青游玩的节日，而且还附带有送走穷神的含义。姚合《晦日送穷三首》中"万户千门看，无人不送穷"，说的就是这个节日。但到了唐德宗时期，因皇帝不喜欢晦日这个名称，认为它不吉利，便于贞元五年（789）下令取消，改设中和节。每到此节，内外官司可以休假一天。由于中和节是取代晦日而来，因此唐人在晦日游山玩水的习惯也在中和节延续了下来。此外，与晦日送穷不同的是，中和节保留了更多重农的含义。如贞元六年中和节时，政府百僚就向皇帝进献农书《兆人本业》三卷，以及黍、粟各一斗以彰显政府对农业生产的重视。在这一天，皇家往往要赐给勋旧大臣以及节度使尺子，称之为"裁度"，有寄望他们公平执政、公正执法的寓意。而民间则往往在此日用青囊装盛百谷、果实相互赠送，谓之"献生子"。此外，酿造宜春酒、祭祀勾芒神祈祷丰收也都是这一节日的习俗。

（三）游宴祓禊：上巳节

早在先秦时期，汉族人民就习惯在三月的第一个巳日前往河边洗涤，以祓除不祥与不洁。这种祓禊活动在流传的过程中，逐渐演变为一种季节性的聚会。日期也由半固定的三月第一个巳日演变为固定的农历三月三日。

对于唐人而言，上巳节祓除不祥的仪式与含义已经逐步转淡，而游览名胜、相聚欢宴则成为节日的主流。每到上巳节，长安城中诸如曲江等一些风景优美之地，皆是唐人游览野炊的极佳去处。杜甫在《丽人行》中即言："三月三日天气新，长安水边多丽人。"由此可见上巳节时唐人游玩赏景的盛况。此外，在这一天唐政府往往要赐宴群僚。而长安城中的长安、万年两县还借助这样的机会，相互比试，看看谁的宴会更加奢华。根据唐代文献《剧谈录》中的记载，在这一天，长安、万年两县于山亭之间设置会场，皇帝也派太常及教坊的歌舞乐团前来助兴。水池之中还有彩舟数只，锦绣珍玩更是无所不施。这样豪华的场景，每年都会使整个都城出现万人空巷的景象。除了赐宴之外，皇家还往往在上巳节和重阳节之时，让王公以下竞射娱乐。

但这一活动在开元八年（720）时，由于大臣以浪费国库、毫无意义为由公开反对而就此取消。

需要说明的是，虽然古时祓除不祥的含义在此时已经淡化，但仍未完全消失。在文献中，我们还是能够时常看到一些在上巳节举行祓禊活动的记载。比如唐中宗时就曾于上巳节祓禊，并赐给近臣细柳编制的柳环，告诉他们戴上此物可以免除虿毒和瘟疫。

（四）月是故乡圆：中秋节

每逢佳节倍思亲，空中一轮圆月预示着月圆人团圆的含义。因此，与今人一样，每到中秋佳节时，都是唐人归乡团聚的日子。那些无法与家人团聚的人，也自然将明月与家乡、月光与乡愁联系起来。诗人白居易在《中秋月》一诗中有"万里清光不可思，添愁益恨绕天涯"之语，更是点破了那些远离家乡之人的思乡之情。

与今人相比，在中秋佳节之时，唐人在抛却思念之情外，还多了一份赏月的情致。根据统计可知，在今天我们能够看到的唐人诗作中，描写中秋赏月的就多达90余首。可见，赏月、玩月是唐人中秋节最为重要的活动。就连帝王也不能免俗，玄宗就曾因凭栏望月不能尽兴而大兴土木，修建了一座百尺高台以备来年赏月之用。与今日不同的是，唐人还没有在中秋夜吃月饼的习惯。就文献记载而言，我们只能看到"中秋玩月羹"这样一道似乎特别存在于中秋节的美食。

（五）九日登高望：重阳节

重阳节在每年农历的九月初九，在唐代，它与中和节、上巳节一道被称为"三令节"。有关重阳节之习俗与来源，根据《西京杂记》的记载，早在汉武帝时期，我国就已经开始在九月九日佩戴茱萸、食蓬饵和饮用菊花酒了。这样的习俗到了唐代并没有太大的改变，登高、赏菊、插茱萸仍旧是这一时期庆祝重阳节的主要活动。

在古人看来，茱萸与菊花都有驱疾避恶、延年益寿的功效。因此，在重阳节将茱萸佩于身上、再饮上一杯菊花酒的习惯，包含了唐人祈求延年益寿、不生疾病的愿望。这样的愿望一直绵延至今。重阳节在今日也被称为"老人节"。从这样一个名称中，我们就可以看到其中所蕴含的敬老、延寿等古义。而《西京杂记》中食蓬饵的习俗，在此时则演变为一种重阳节特定的节令食品——重阳糕。重阳糕的具体形制在唐代还没有定式，但至晚在宋代就已经统一规格成为影响至今的节令食品。在重阳之日，帝王也往往会举办宴会与群臣同欢，如"宣宗因重阳，便殿大合乐，赐宴群臣"。而宴会的主题，依旧是为帝王添寿、祈福。

（六）爆竹声声辞旧岁：除夕

除夕是农历一年当中最后的一天。与我们今日吃团圆饭、看春节联欢晚会不同的是，唐人在这一天要举行最为盛大、最为热闹的驱傩活动，目的是为即将到来的新的一年驱除疫鬼。而活动的主要内容，就是在队伍的最前面由一对男女分别扮演成"傩翁"和"傩母"领舞，扮演者有时是年老的男女二人，有时则不限年龄头戴老头老太太的面具以作象征。在他们两人的周围还有由人们装扮成的各种鬼神，大家一起歌舞喧闹。这样的活动不论是在民间还是在皇家都会举行。相比而言，民间的驱傩形式更为自由，而皇家的则更加壮观，常常需要千余人一起扮成护僮侲子，而皇帝及其家眷也会在此时观看驱傩大典。

除了驱傩外，点灯燃火、饮酒守岁也是唐人除夕之夜的必备活动。在民间，人们常常一起围着篝火喝酒、舞蹈，类似于我们今日的篝火晚会。这样的活动一直要持续到正月初一的清晨。在皇家，虽然皇帝与下人连臂而舞的情形不可能出现，但燃火点灯是一定要有的形式。而燃爆竹更是民间喜爱的活动。此外，我们今日贴春联、门神的习俗，在唐代就已经成型了。

三、宗教性节日

宗教性节日，就是指那些由宗教信仰发展而来或是沾染了比较浓厚的宗教色彩的节日。就唐代而言，比较重要的宗教性节日有上元节、降圣节、佛诞节以及盂兰盆节。

（一）月色灯光满帝都：上元节

所谓上元节，就是我们今日所说的正月十五元宵节。有关这一节日的起源，一般认为与汉代祭祀太一神的信仰有关。因此，在唐代，上元节与中元节、下元节一道成为道家的"三元节"（中元节为七月十五，下元节为十月十五）。在这一天，道观中会举行斋戒、读经、作法等宗教活动。除道教之外，佛教似乎对上元节也十分重视。高僧玄奘在自己的游记当中，记载了摩揭陀国（约在今日印度比哈尔邦）在正月十五月满之日，如来舍利均会现身，且还伴随着放光、雨花等神迹的出现。

而我们今日元宵节点花灯的习俗，在唐代也已经出现了。特别是佛教对于上元节燃灯是极为重视的。根据日本僧人圆仁的记述，唐代扬州城的佛寺在上元之夜要进行燃灯、供养佛祖、祭奠祖师等法事活动。圆仁还特别提到了无量义寺的匙灯和竹灯，称其高七八尺，制作精巧，貌如塔状。而在敦煌地区，上元燃灯则成为人们广积善缘、播种福田、积累功德的重要方式。因此，人们在此日纷纷向佛寺捐款以助燃灯。对于中原地区的百姓而言，赏灯、燃灯更是在这一时期逐渐由宗教活动演化为一种全民的狂欢活动。在这一天，政府取消例行的宵禁与关闭坊门的规定，人们可以自由地在城市内部活动，不分贵贱、老幼、男女，均可一道观赏花灯、百戏、歌舞等各种表演，一时之间全城热闹非凡。

还需要提及的是，上元节除了脱胎于太一祭祀的说法之外，民间还流传着另一种习俗——请紫姑。紫姑是汉族民间传说中的司厕之神,又名厕姑、茅姑等。在民间传说中,紫姑的原型有二:一说是李景的妾室,遭到正妻的嫉妒,在正月十五那天被害死在厕所;还有一说认为紫姑是杜撰出来的名称,其实指的是西汉时期的戚夫人,而戚夫人也是死于厕所之内。无论是哪种说法,民间对紫姑都抱有一种同情之心,因此在一些地方便出现了"正月十五迎紫姑"的风俗。紫姑虽然为司厕之神,但她也是女性的保护神,女性往往将自己的心事向其诉说,并请求她的庇佑。紫姑传说虽然在六朝时期就已经出现,但紫姑信仰却是在唐、宋时期兴盛起来,是这一时期非常重要的民间信仰,也自然是汉族女性在正月十五上元节时必不可少的迎神活动。

(二)老子诞辰:降圣节

每年的农历二月十五日是传说中老子的诞辰日。老子是道教所供奉的始祖,因此降圣节又被称为道诞或道日。我们都知道,李唐皇室对道教有着非常不一样的情结。李唐自起兵之始,就宣扬自己是老子的后裔。因此,道教对于李唐王朝而言,是受到特别尊崇的国教。

对于老子降生日的设置，有传说指出是玄宗听从了举人任之良的建议，以二月十五日为老子的生日，并举行燃灯活动。这一说法直到宋代都十分流行。我们且不论这一传说的真实性，降圣节是在玄宗统治时期开始设立的当是真实无疑的。据史料记载，唐玄宗在开元二十五年（737）就曾下令，各州的玄元皇帝庙"自今以后，每年二月降生日，宜准西都福唐观，一例设斋"。十年之后的天宝五载（746）更是将老子诞辰确定为二月十五日，并且作为全国性的法定节假日固定下来。唐文宗时期，道教地位进一步提高，原先的休假一天在开成五年（840）变为三天，并于会昌元年（841）更名为"降神圣节"。

虽然直到五代降圣节休假的规定仍旧执行，但由于这个节日本身与民众并没有太紧密的关系，且与佛教相比，信仰道教的人数明显处于少数。因此，有关唐代降圣节的民俗活动几乎没有记载。上文提到的任之良所提倡的燃灯，可能是唯一的娱乐性活动。

（三）四月八日明星出：佛诞节

与降圣节相对应的，是每年农历四月初八的佛诞节。

在某种意义上说，降圣节就是仿照佛诞节设立的道教节日。但需要指出的是，四月八日只是唐朝政府官方规定的佛诞日，在这一时期不同的地区对佛诞日的具体日期的认定并不一致。比如在敦煌等地，人们认定的佛诞节是在二月八日。而有的地方则采取折中的方法，将二月八日与四月八日一并认定为佛诞节。面对这样的情况，四月八日的佛诞节虽为官方认定，但在实际操作中，四月八日休假一天的福利同样适用于二月八日。

在佛诞日这天，佛寺都要举行浴佛和行象活动。特别重要的是，唐后期的几次规模浩大的迎佛骨活动也是在四月八日举行的。唐代最为有名的一次迎佛骨活动，是在元和十四年（819）。这年春天，唐宪宗想迎佛骨入宫供奉，但韩愈却激烈地反对宪宗的这一想法，写下了著名的《谏迎佛骨表》。因为这一表文韩愈差点丢掉脑袋，但也因这一表文而使得这一次奉迎佛骨广为人知。韩愈的谏言并没有阻止宪宗奉迎佛骨的决定，同样也没能打消后来继任帝王对佛教的笃信。到了咸通十四年（873），懿宗举行了唐代最后一次迎佛骨活动。这次迎佛骨活动也是唐朝历史上规模最大的一次。根据史料记载，为了这次活动，懿宗不仅下令广造浮图、宝帐、香舆等佛教用品，而且对每件用品都要求以金玉、珠翠为装饰。佛骨来到长安城的那天，全城轰动，香烛遍地，人们竞相膜拜，甚至有人为了表达自己的诚心而采取断臂、以火灼头等自残行为。今天，随着法门寺地宫考古发掘的完成，我们可以通过一件件精美的文物来了解当时人们对于佛教的狂热和追捧，这是我国土生的道教所没有取得的高度与影响。

（四）中西交融：盂兰盆节

农历七月十五日是佛教庆祝盂兰盆节的日子，在这一天，信众以盆盛装百味饭食供养十方大德僧，以达到消解亡故亲人罪孽、解除他们在地狱所受之苦的目的。而这一天也是道教的中元节，民间也将其称为鬼节或者七月半。对于道教来说，这一天是地官考校之日，也是赦免饿鬼的节日。由此我们可以看到，佛、道两教虽然相异，但均选取七月十五日作为赦免、救赎亡魂的日子。因此，盂兰盆节是唐代节日中杂糅中西方信仰与风俗的独特节日。

就唐代而言，佛寺有关盂兰盆节的所有活动费用都是由官方供给的。有时在宫内还特别设置内道场庆祝盂兰盆节。根据日本僧人圆仁的记载，这一天长安城中的寺庙均制作花蜡、花饼、假花果树等于佛殿前供养。有时还会举办各种百戏活动，以供信徒观看。与盂兰盆节的官方背景相比，中元节在唐代民间的影响更为深远。人们在描述寺庙的盂兰盆节时，也常常会用到中元节这一名称来替代盂兰盆节。关于中元节的相关活动与风俗，我们在上文已经有所介绍，这里就不再多说了。

第二节　宴会

宴会是我们日常饮食的基本形式之一。对于中国人来说，宴会不仅仅是吃吃喝喝，还包含了各种人际交往和利益目的，是日常生活中为了达成自身目的而进行的比较常见的社交活动。因此，从这个意义上说，宴会是饮食生活中最具有社会性的一种形式。就唐代而言，唐人对宴会的热情和宴会的种类一点也不逊色于今人。总的来说，唐代宴会可以分为以皇帝赐宴为主导的国宴、以家庭欢聚为主题的家宴和将景观与游乐完美结合的游宴三大类型。

一、政治象征：国宴

顾名思义，国宴是以国家为宴会主体而举办的宴饮活动。在唐代君国一家的思想之下，国宴一般都是由皇帝为主导举行的。在这一时期，以皇帝为主导进行的宴会活动按种类可划分为大酺[pú]、赐宴功臣、外交宴饮和节日赐宴四大类；按性质则包括娱乐性宴饮和政治目的性宴饮两类。

（一）万民同乐太平世：大酺

大酺是中国古代规模最大的赐食活动，是统治者基于某一缘由而特许举行的全国性宴饮活动。有学者认为，大酺起源于自然崇拜与乡饮酒礼，自战国时期起就已经为统治者偶尔使用，到了西汉则更加规模化与频繁化。隋唐时期特别是唐中前期国力强盛，使得社会财富积累较快，国家财政充裕，因而大酺举行的次数极多。根据一些学者对中国古代历次大酺的统计可知，在整个中国古代的历程中，唐代以62次大酺的纪录高居榜首。而根据其他历史文献的统计可知，这62次大酺主要集中在肃宗朝之前：太宗9次、高宗13次、武后10次、中宗6次、睿宗6次、玄宗16次、肃宗2次。

一般而言，唐代举办大酺活动主要是因为立皇太子、大型祭祀、征伐庆功和更改年号四个原因。举行的期限大多为三天到五天，在武后统治时期甚至出现过七天到九天的情况。在大酺举行的期限内，全国无论地区、无论阶层均可以任意相聚、饮酒欢笑、歌舞嬉戏。其中，又以都城长安和陪都洛阳最为热闹。而这样热闹的场景，往往附带产生了许多社会治安问题。比如在唐玄宗时期，就曾因百姓集体聚观勤政务本楼下的百戏，而发生群体失序、喧乱事件。骚乱的情形甚至连金吾卫都无法控制，以至于上达天听，惹得玄宗极为不快。

（二）纵横捭阖谈笑间：外交宴会

与上文的大酺相比，外交宴会则更多的是国家出于政治利益或政治目的而进行的宴会活动。外交策略往往是随着国力的强弱而发生变化的。一般而言，政府对于外部势力以宴饮为手段的外交活动，可按其目的分为结成政治联盟、联系双方感情、优待与答谢三类。但需要指出的是，这三者并不是独立且固定的，而是在配合外交策略的过程中不断变化。

对于唐代而言，举办最多的外交性国宴都是为了加强与巩固和其他政权的关系。其中最为典型的，是唐与回鹘之间的外交性宴会。我们知道，在安史之乱发生以后，回鹘帮助唐王朝重新夺回了对两京的控制权，是唐朝能够重新统治天下的最大功臣。因此，加强与维护唐与回鹘的关系就成为这一时期唐朝政府最为重要的外交活动。从史料中看，回鹘与唐政府之间的互动，均是由一连串宴饮或与饮食相关的行为所构成。比如在肃宗一朝共与回鹘人员宴饮八次，均处于收复两京之前。这八次宴饮中，有四次为直接赐宴参与作战的回鹘军队，而其余四次则是对回鹘使节的赐宴。对回鹘军队赐宴的目的自然不言而喻，而对使节的赐宴则须与肃宗朝另一件加强唐与回鹘关系之事联系起来，即肃宗幼女宁国公主出降回鹘。可以说这几次对回鹘使节的宴赐，均是围绕宁国公主的和亲之事。此次宁国公主远嫁他乡与之前其他公主的和亲不同：首先，和亲的目的不再是分化周边民族势力。其次,出降之人不再是宗女,而是肃宗的亲生女儿。且此次和亲对于回鹘而言,不再是天朝上国的恩赐,而是唐政府的示好手段,是双方外交活动的重要组成部分。

二、和美团圆:家宴

隋唐社会的家族宴饮,仍旧是为了"敦宗亲之意"这一目的,是深化家族成员间交往、加深成员情感的重要手段。社会的统一与经济的飞速发展,使得隋唐时期家庭宴饮活动极为频繁。刘禹锡《路傍曲》中即言:"南山宿雨晴,春入凤凰城。处处闻弦管,无非送酒声。"

皇家宴饮虽以政治性目的为主,但也不乏因亲情而欢聚的事例。如唐高祖李渊就曾于武德七年(624)四月,在文明殿宴请王公亲属。在见长平王太妃后,他不以自己的地位为尊,而是遵从家人之礼,降阶再拜。而玄宗更是以敦亲友悌而著于史籍,其联络亲情的重要手段之一,就是赐食于诸王及与之欢宴。除玄宗外,文宗也常驾幸十六宅与诸兄弟饮宴、聚会,据《旧唐书·文宗纪》载,此行为共有三次,分别为:开成元年(836)五月驾幸十六宅,与诸王宴乐，并且以给诸王供给的食物不精细而处决了十六宅宫市内官范文喜等三人。此外，还于开成二年（837）冬十月和开成四年（839）六月两次驾幸十六宅与诸兄弟宴乐。而在帝王子女建成新宅等特殊时刻，更是少不了宴饮活动，如徐彦伯就曾为夜宴安乐公主之新第作序。除此之外，皇帝家宴也有为了解决家庭矛盾而举行的。比如唐太宗就曾设家宴以调节女儿和女婿之间的矛盾。据史料记载，太宗的女儿平阳公主在下嫁于驸马薛万彻之后，因为薛驸马没有才气而赌气对他不理不睬。太宗在听说之后，就召集了自己所有的女婿置酒宴乐，但在宴乐之中只与薛万彻相谈甚欢，并在酒后与薛万彻进行握槊游戏。在游戏的过程中，太宗故意输给薛万彻，并将自己的佩刀作为赌注一并赏给了他。平阳公主见此情景，心中十分喜悦，在归途之中就与驸马重归于好了。

　　与帝王相比，一般士人与普通百姓并没有政治的羁绊，因此更能自得地享受天伦之乐。如《册府元龟》卷八六八《总录部》"好客"条即载，武德时人唐宪"既无他职事，居多闲逸，与亲戚故人酣畅，以此自适焉"。同书又载"崔义玄为御史大夫，蒲州刺史。子神基，司宾卿同凤阁鸾台平章事。神基弟神庆历司刑、司礼二卿。神庆子琳等皆至大官"，每年到家宴举办之时，组佩辉映，并专以一榻放置上朝所用的笏板。其文本意虽旨在说明崔义玄家族之贵盛，但亦点明每岁时其家均要举办家宴。除了在岁时节日举办家宴外，唐人在长辈生辰之日也是要举办家宴以示庆贺的。在这一天，就连出嫁在外的女儿也要回来参加家宴。

三、樽前劝酒是春风：游宴

游宴，在文献中往往也作"游燕"或"游讌"，是唐人举行宴饮活动的形式之一。《列子·周穆王》中有"游燕宫观，恣意所欲"之语，这也许是中国古代关于游宴活动最早的文字记录了。唐代社会环境稳定、政治清明、经济繁荣等多种有利条件的配合，使得这一时期的人们生活富足且安定。对于生活情趣和生活品质的追求，以及享乐型的生活态度都成为唐人屡屡举办游宴的理由，也促使这一时期成为我国游宴风气最为兴盛的朝代之一。

对于唐人而言，春、秋两季都是气候宜人、繁花似锦

唐代韦曲唐墓壁画《宴饮图》(局部1)　　　　唐代韦曲唐墓壁画《宴饮图》(局部2)

的游赏之季，也是适合人们登高、赏景的游宴之时。每逢这两季的寒食、上巳、重阳等节日，唐人都会结伴而行，赏景野炊。在唐人的游宴中，最有特色的是春季游宴。对于长安人来说，三月上巳节前后的曲江是最佳的游宴去处。曲江池位于长安城东南部，最早开凿于汉武帝时期。在隋唐时期又有所扩大，成为一个广达10余平方千米的大型水景园林。每年春暖花开之时，唐皇为了彰显自己与民同乐的胸襟，就会允许全城百姓来到曲江池游览、宴饮。在比较重大的游宴之日，如上巳节等，长安城内的歌舞团体也齐聚曲江以烘托气氛。此时的曲江池，可以说是处处人潮涌动，遍地张设筵席。这些筵席的张设者身份虽未加限制，但仍以有钱的官宦或富豪之家为主。唐代诗人杜甫有一首十分有名的诗叫作《丽人行》，其中就描述了杨国忠及虢国夫人等人在曲江进行游宴的情形："紫驼之峰出翠釜，水精之盘行素鳞。犀筯厌饫久未下，鸾刀缕切空纷纶。黄门飞鞚不动尘，御厨络绎送八珍。"可以说，每一次曲江游宴都是富贵人家的一次美食竞赛。

除了富贵人家的美食竞赛之外，在当时的仕女中也流行着两种别致的游宴形式——探春宴和裙幄宴。根据《开元天宝遗事》的记载，每年"立春"和"雨水"两个节气之间的日子，就是举行探春宴的好时期。这一时段，万物复苏，少女们就相约做伴，寻找风景优美之地踏青游玩。仕女们的游戏项目很有趣，称为"斗花"。所谓斗花，就是在踏青时比赛谁佩戴的鲜花名贵、美丽。有时女子为了在斗花中取胜，不惜重金购买当时的稀有花种。这就使得在游园之时，除了风景宜人之外，美丽的仕女和娇艳的鲜

花也相映成景。在游玩之后，少女们便选择一处心仪之处来进行野炊。她们野炊的方式与传统的幕天席地有所不同，她们以萋萋芳草为席，在周围插上竹竿，将裙子连接起来挂于竹竿之上，制作出一个简易的帷幕。这也就是"裙幄宴"的由来。

需要说明的是，这一时期除了政治性的国宴、团聚性的家宴和游乐性的游宴外，还有许多其他种类的宴会，例如友人之间的送别宴也是这一时期经常举办的宴会之一。在送别宴上，唐人将对友人的不舍和叮嘱都化成句句诗歌，成就了许多著名的篇章。

唐代武惠妃墓石椁内仕女图

第三节 娱乐活动

一、百戏

"百戏"一词起源于汉代,是我国古代民间表演艺术的总称。由于百戏的起源很早,因此在唐代以前,其发展水平就已经非常之高。虽在唐初有大臣孙伏伽进谏取消百戏而得到嘉奖,但百戏的昌盛却并未因此而受到阻滞。唐朝政府在举行各项庆典之时,往往都引入百戏以做娱乐之用。所谓上有所好下必甚焉,唐朝上层社会对于百戏的喜爱深刻地影响了下层百姓。长安城甚至衍生出了专门以出演百戏为生的人群。

唐代百戏的种类虽然繁多，但大致可以划分为戏剧和杂技两大类。

（一）戏剧

与后代戏剧相比，唐代戏剧虽仍以舞蹈为主，但已经开始讲求以演员的表演来推动故事情节的不断发展，可以被视作今日戏剧的雏形。唐代戏剧包括歌舞戏、参军戏。

1. 三大歌舞戏

根据唐人杜佑在《通典》中的记载，我们可知唐代歌舞戏中最为出名的，当属《大面》《拨头》和《踏摇娘》。

《大面》又被称为《代面》《兰陵王》，最早起源于北齐时期，是由民间艺人根据北齐兰陵王高长恭在金墉城下戴假面入阵杀敌、出击北周军队的历史事件所进行的创作。《大面》最初被称为《兰陵王入阵曲》。流传至唐代，开始成为一个有歌有舞的节目，并在唐初的宫廷极为流行。该歌舞戏在唐时还传到了日本，有学者认为至今日本歌舞伎所保留的舞面舞服就是对《大面》的学习和袭承。

《拨头》又称《钵头》，是来自西域地区的一个外来舞蹈。根据《旧唐书》中的记载可知，这个舞蹈最初主要讲述的是一个儿子在自己的父亲被野兽吃掉后，寻找野兽并与之搏斗，最后杀掉野兽替父报仇的故事，主要展现了人和野兽搏斗的惊险场面。这样一个简单的故事，在传入中原之后逐渐与中原地区原有的故事相结合，情节逐渐饱满，由简单的人兽相斗转向孝子上山寻父所经历的种种磨难。而表演形式也由单纯的舞蹈转向有歌有舞、有表有演的歌舞戏节目。

《踏摇娘》是唐代三大歌舞戏中变化最大、最为复杂的一出节目。主要是讲述一个面丑且嗜酒的男人，在每次醉酒之后殴打自己漂亮、善歌的妻子，其妻在遭受欺辱之后的哀伤诉说，并加以乐曲进行表现。由于在讲诉自身遭遇时，其妻每每摇摆自己的身体，因此被称为"踏摇娘"。这一舞蹈最初似乎是一人独舞性质的醉酒舞，但随后即演变为以两人表演为主的乐舞性节目。到了唐朝晚期，则又增添小丑一角。其故事情节也由其妻单纯的悲诉转为集合悲诉、夫妻打闹、典当供夫等多个场景。其戏剧色彩也由最初的诙谐闹剧变为悲剧。

2. 参军戏

参军戏是我国戏剧的原始形式之一，其渊源为秦汉时期的俳优表演的"弄参军"。与一般歌舞戏不同的是，它以滑稽表演为主，表演者一般为戏弄者与被戏弄者两人。到了盛唐以后，参军戏就不再受上述表演形式的限制，而是根据故事情节的不同而随时对表演形式进行调整。最为显著的变化就是，由最初的相互戏弄转变为语言上的相互诘难，以此来对某件事情或某个物品进行讽刺、调笑。参军戏在唐代普通百姓中极为流行，女性、儿童都可以表演、学习参军戏，因此，涌现了一大批优秀的参军戏节目和表演艺术家。

3. 傀儡戏

唐代傀儡戏有时也被称为"窟礧子"和"魁垒子"，常常被时人归为歌舞戏之类。但就表演形式而言，傀儡戏实际上是一种全新的娱乐形式，多出现在喜庆宴会之上，但偶尔也会作为丧葬、祭祀时的表演。唐代的傀儡戏已经达到了非常高的表演水平,如《封氏闻见记》中记载太原节度使辛杲云下葬之时,诸道节度使用傀儡戏来进行祭奠。其表演水平之高,让孝子们都"收哭观戏"。

4.杂剧

一般而言,我们认为杂剧产生于公元1206—1271年间,在宋元时期大盛于世。事实上,简单的杂剧在唐后期就已经开始出现了。在地方上,三人、五人为一伙的剧团在此时十分常见,并且还出现了能够随驾入京的优秀表演艺术家。据文献记载,唐代表演的杂剧剧目不少,但均未留下完整的剧本。在仅存的一些名目中,较为有名的是《刘辟责买》《旱税》《麦秀两歧》等。除此之外,以历史故事为原型的剧目在此时也已经上演,如以"鸿门宴"为故事情节的《樊哙排君难》就是其中一例。

(二)杂技

唐代的杂技涵盖范围很广,从以驯兽为主要表演方式的舞马、舞象犀到人体技巧类的寻橦、绳伎,甚至还包含幻术等魔术类的表演。我们就其中的主要内容加以简要介绍:

1. 竿伎

与今日竿伎表演相似,唐代的竿伎表演也分为顶竿和爬竿两大类。

顶竿又被称为"戴竿""寻橦""透橦""竿木"等,其表演一般由两人共同完成,一人负责顶戴长竿保持平衡,另一人则需要沿竿而上,并完成各种惊险动作。有时在表演过程中还会配以音乐伴奏。顶竿表演在唐代极受追捧,就连皇帝诞辰时举行的宴会,也必定会表演顶竿绝技。

爬竿,在唐代也被称为"缘橦"。根据文献的记载,爬竿艺人中的佼佼者甚至可以空手爬到十余丈高的幡竿之上。直到今日,这项活动仍以民俗文化的形式,在许多地方存在。

2. 绳伎

所谓绳伎就是今日杂技中的走钢索,在当时亦被称为"走索""溺巨索"。表演者在数丈高的绳索之上,"往来倏忽,望若飞仙"。不仅如此,为了增添惊险性,表演者还常常在绳索之上表演各种动作。比如由两个表演者从绳索两端同时行进，在中间交错而过；再比如在绳索之上穿着履鞋俯仰翻腾等。这些技艺与我们今日看到的表演形式几乎一致，会引得当时人阵阵惊呼，并成为帝王所钟爱的表演节目。根据文献的记载，唐代帝王中以玄宗最为喜爱观看绳伎。也是自玄宗"安史之乱"后，绳伎逐渐走出宫廷，流于民间，成为流行至今的民间艺术之一。

除了传统的绳伎之外，在唐人的笔下还有一种类似于魔术的绳伎——爬绳。表演时，表演者将一团长绳掷向空中，长绳笔直而上若有牵引，表演者顺势缘绳而上，直到地面上的观众不可见之。这种绳伎虽然在清代蒲松龄的笔下仍有出现，但其技艺并未流传下来，从而成为一项传奇而神秘的艺术。

3. 舞马

唐代的舞马在唐玄宗时期最为兴盛。将百匹骏马装饰一番后，分为左右两支，分别教授它们舞蹈。经过训练的舞马可以根据乐曲的节拍进行"奋首鼓尾"的舞蹈表演，有时还能衔杯祝寿。西安何家村唐代窖藏就出土了一个饰有衔杯舞马造型的鎏金壶，在陕西历史博物馆中就可以看到。除了舞马外，大象、犀牛等动物也被驯化得能舞蹈，一同作为庆祝重大节日的娱乐活动，与我们今日的马戏活动有着异曲同工之妙。

4. 幻术

幻术是来自于西域地区的艺术表演形式，自汉代就已经为中原人所知晓。在这一时期，除了传统的"吐火""吞刀"等表演外，还出现了一些其他的全新的艺术形式。如唐高宗时期，从天竺传来了一种"断手足刳剔肠胃"的幻术，与我们今日身体挪移类的魔术相似。又如"燕奴"戏法，表演者于手腕间出两粒呈五色的弹丸，随即使之变为两只燕子腾飞于空。再由飞燕变为两柄小剑，在空中相互击打，最后又归于弹丸回到腕间。这和我们今天变兔子、变鸽子的魔术形式完全一样。除了上述单独表演的幻术节目外，唐代还有一种用于宫廷表演的大型幻术——鱼龙漫衍戏。它在表演之时要配合乐曲，自隋炀帝时起就为帝王所喜爱。

二、其他娱乐活动

除了上文提到的百戏之外，唐人用以日常娱乐、休闲的方式还有很多,诸如球戏、斗鸡、斗花草、棋类游戏等,都是当时人们所喜爱的活动方式。

(一)球戏

在唐代,球戏种类很多,但以马球和蹴鞠为主,这二者都极受老幼妇孺的喜爱。

1. 马球

马球又称"击鞠",是一种骑在马上以棍击球的运动,在唐代风靡一时。马球并不是中原人的发明,而是自吐蕃也就是西藏地区传来。虽然唐太宗出于维护帝王之尊的目的,曾下令焚球以示不屑,但却没能阻止下层

唐代章怀太子墓壁画《马球图》

民众对马球的热爱。到了唐中宗时期，由于帝王本身就十分喜爱这项运动，因此马球运动在唐朝境内迅速盛行起来。据学者统计，唐代自高宗到昭宗的19位帝王中，至少有15位都是马球运动的热爱者。比如玄宗在登基之前为临淄王时，就与嗣虢王邕和两位驸马杨慎交、武崇训力敌吐蕃十人，逆转了比赛，为保全皇家和帝国颜面立下了功劳。他登基之后，更是于十六宅建造雍和殿，以便每月与诸王击球。除了玄宗外，宣宗的击球技艺使经受专业训练的"两军老手，咸服其能"；而僖宗对自己的球技更是自信满满，认为"若应击球进士举，须为状元"。

也正是因为帝王对马球运动的喜爱，唐朝政府专门设立了"打球供奉"，培养、训练专门性的马球人才。有不少人因为打球而得到信任，进而官拜节度使等大官。就连唐昭宗为朱全忠裹挟被迫迁往洛阳之时，随他前往的"打球供奉"和"内园小儿"仍多达二百余人。但需要注意的是，马球运动是一项对抗性极强的运动，在比赛中往往会发生致死、致伤、致残的事情。为了减轻对抗性，自唐中叶以来，在女性之间开始流行骑驴打球。与马相比，驴子的性情要更加温和,因此安全系数要高很多。

2. 蹴鞠

蹴鞠也就是我们今日足球运动的鼻祖。在唐代,蹴鞠运动发生了两大变革:一是将实心球改为充气的空心球;二是开始采用两个球门分属两队来进行比赛的方式,这在世界运动史上尚属首次。唐代帝王中太宗、玄宗都非常喜欢蹴鞠运动,他们在御园中专设打球官,并建造大规模的球场。由于统治者的喜爱与提倡,蹴鞠运动在社会上风行起来。直到晚唐时期,蹴鞠仍旧是唐人喜爱的健体娱乐活动。不少将相大臣都会蹴鞠。

(二)斗鸡

就整个唐代而言,斗鸡都是一项十分盛行的游戏,尤其以玄宗朝达到顶峰。玄宗在藩邸之时就痴迷斗鸡活动,并发掘征召民间斗鸡专家贾昌于宫廷之中,专门为皇家训练斗鸡,甚至还专门设立了鸡坊,选取六军小儿五百人,专门训练于长安城内挑选的数千只雄鸡。每到玄宗生日、元旦等重大节日时,就在御前上演斗鸡表演。由于统治者的提倡,加之斗鸡场面强烈的观感刺激,斗鸡活动在唐代成为上自帝王下至百姓均热衷参与的游戏,甚至就连普通女性也参与其中,将斗鸡的形象绣于枕头之上。

全民参与的盛况也推动了斗鸡、训鸡活动的职业化、商业化发展。河北一些军将仅贩卖优良斗鸡,就可"获钱二百万"。可见,斗鸡也是一项花费较大的娱乐项目。因此,许多爱好斗鸡却无钱购置名鸡的人,只有"弄假鸡"或是"弄木鸡"聊以自娱。

(三)斗草、花

如果说斗鸡的参与者以男性为主,那么斗草、花则是女性、儿童喜爱的游戏。斗草游戏起源于古代的荆楚地区,但具体的斗法却记载不详。如果从"斗草蒨裙盛"来看,似乎是比较谁认识和采摘的草的种类多,但安乐公主用谢灵运胡须斗草一事又似乎表明还有其他的胜负判断方法。

除了斗草外,唐人还斗花。与斗草不太明了的规则相比,斗花的规则就简单很多,即谁的花越鲜艳、越美丽、越稀有,谁就取得了胜利。因此,富人往往用重金购买当时的名花,种植在自家院落之中,以备来年斗花时使用。

但是随之而来的为选花而乱采乱拔，则多少造成了一些景区的破坏。

（四）棋类游戏

唐代的棋类游戏很多，围棋、象棋等都在此时走入发展与成熟时期。

1. 围棋

围棋是一种考验智力的娱乐活动，因其极强的竞技性和趣味性而成为唐代棋类活动中最为流行的一种。唐代帝王十分喜爱围棋，玄宗时曾专门在翰林院设立"棋待诏"一职，甄选全国优秀棋手，专职陪皇帝下棋。由于围棋属于智力型博弈游戏，因此为文人士大夫们所痴迷与喜爱。他们认为下棋不仅可以开发智力，还可以陶冶性情、磨砺品格。正因为围棋的种种优点，在这一时期，与我们隔海相望的日本也学会了围棋，并达到了很高的技艺水平。宣宗时的国手顾师言在与日本围棋国手的对弈中，仅仅以险胜过关，由此可见当时日本围棋水平的高超。围棋的室内性也使得这一时期的女性纷纷参与其中，唐代有不少咏叹女性下棋的诗篇，如《美人宫棋》《夜看美人宫棋》等，都可以说明这一时期女性对围棋的喜爱。

围棋在唐代经历了一个变化与成熟的过程。早期的围棋与今日不尽相同，棋盘为17道交叉线，共289粒棋子。至晚到中唐以后，遂发展为19道交叉线，并且固定下来——19道361子，成为现代围棋的定式。随着围棋活动的开展，围棋理论在此时也开始受到重视。唐人皮日休就著有《原弈》对围棋的起源进行学术探讨，而宋初徐铉的《围棋义例》更是全面总结了唐代围棋的战术与技法，是围棋史上非常重要的著作。

2. 象棋

象棋的起源很早，在先秦时期就已经出现了象棋的雏形。但与围棋相比，象棋在唐代还处于发展演变的过程之中，至少在初唐时期，象棋还不为人们所熟知。与围棋不同的另一点是，象棋在这一时期主要流行于广大民众之中，且发展很快。到了中唐以后，就开始涌现出许多有名的棋手。

除了围棋、象棋之外，弹棋、双陆等博弈类游戏在唐代也十分流行，都是当时人们休闲、消遣的主要娱乐活动。

第六章

人生百态

唐人的风俗习惯

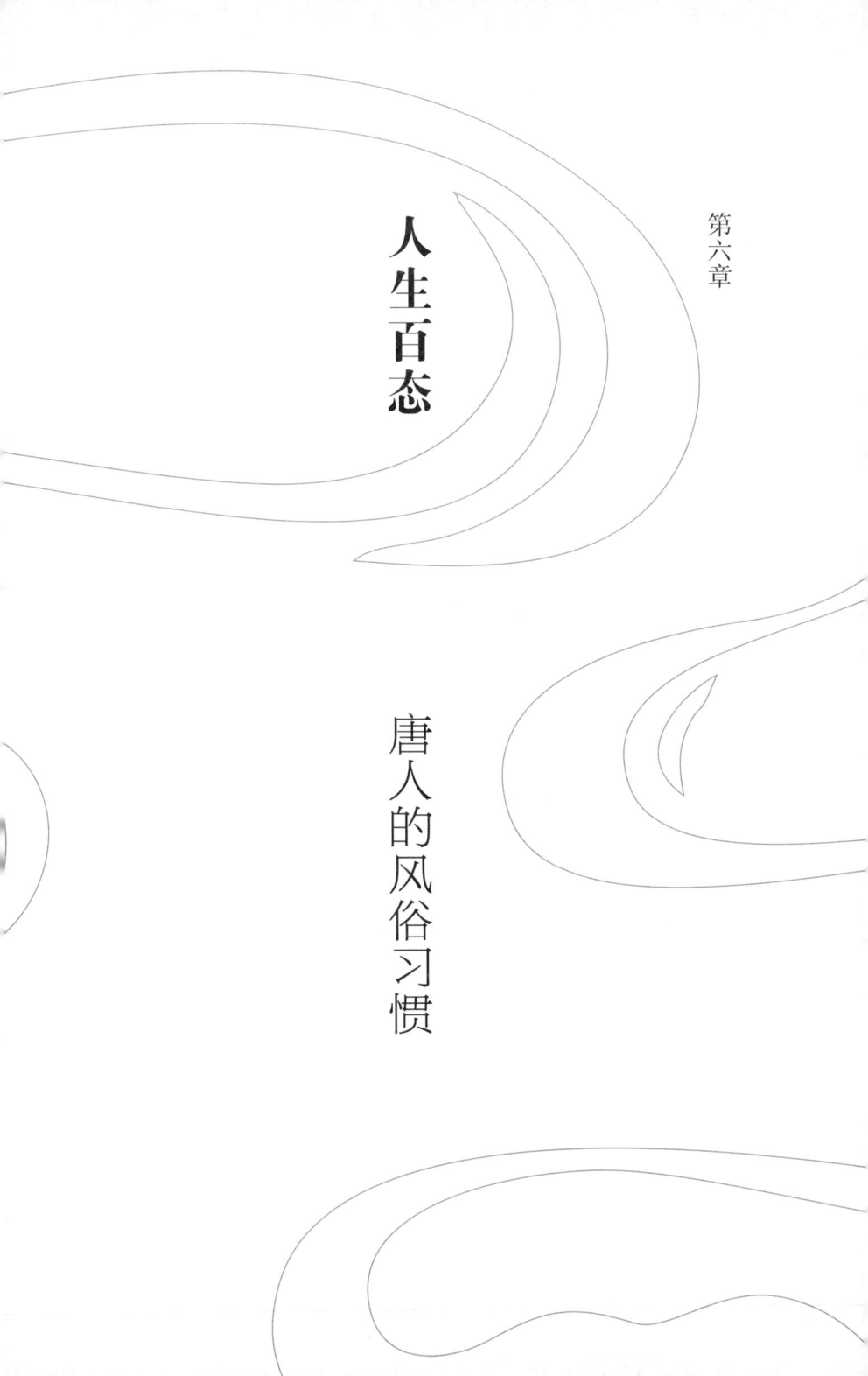

第一节 生育习俗

封建社会是以血亲为纽带发展的传统社会,因此,子嗣的绵延与兴旺是一个家族存在的基础与兴旺的标志。在传统农业型社会中,现实需求也要求普通百姓能够多生、优生,特别是对男丁的渴望已经成为影响今日之特有观念。正如乌丙安先生所谈的:"中国的婚俗从议婚直到举行繁复的婚礼,从来都是紧密地围绕着求子继嗣的主题;中国的家族惯俗千姿百态,也都在烘托着生男育儿、光宗耀祖的大事;中国社会的礼教虽以'孝'为本,但是民众寻求的和恪守的却是'不孝有三,无后为大'的准则。"

一、求子和胎教

就国人观念而言,身为女性最为重要之责任便是繁衍后代。因此，唐代名医孙思邈在自己的皇皇巨著——《备急千金要方》中将"求子"作为妇人病之第一。虽然生儿育女本为人类的自然本能之一，但由于种种因素的影响，使得一些女性无法正常地孕育生命。在医疗观念与治疗手段相对落后的中古时期，人们往往寄托于一些特定的仪式以祈求顺利怀孕、生子。

隋唐时期用以祈子最典型的仪式即为婚礼，而在婚礼中与生子有关的器物与饮食包括青庐与撒帐。

有关"撒帐"之俗的来源，清人陈元龙认为始于汉武帝迎娶李夫人的仪式之上。武帝将李夫人迎入帐内之后，宫女以预先准备好的五色同心花果撒向二人。武帝与李夫人以衣裾相承，祈盼能够多子多福。但就史料记载而言，最早出现这一习俗是在唐中宗时期相王之女（后被封为荆山公主）的婚礼现场。但当时撒帐所用却是特制的"裙帐钱"，而非果子之类的食物。在晚唐人张敖所作的一本实用礼仪手册中，我们也看到了在婚礼中"女家铺设帐仪：凡成礼，须在宅上西南角吉地安帐，铺设了，儿郎索果子、金钱撒帐"的记载。因此，可以推知唐朝时，特别是在普通百姓之中，应该已经出现抛撒果子等食物之习俗。这里撒物的目的在于祝福新人能够多子多孙、富贵长久，如敦煌文书《撒帐儿愿》中所讲的那样："千秋万岁，保守吉昌，五男二女，奴婢成行，男愿总为卿相，女即尽聘公王，从兹祝愿以后，夫妻寿命延长。"

除了撒帐，青庐也是唐人婚礼中必备之物。简单而言，青庐是隋唐时人们举行婚礼的场地，一般是以青布为幔围遮起来的一个场地范围，"青庐"也因之而得名。在婚礼中使用青庐原本为北方游牧民族之习俗，后逐渐为中原人士所接受并浸染成习。在漫长的胡汉文化交融中，青庐逐渐与中国传统的婚姻观念相结合，蜕变为百子帐，而后更是辗转变为百子圈。也就是说，在隋唐之际"青庐"又被称为"百子帐"，是游牧民族婚俗与中国汉族婚姻观念相结合的产物。而这一婚姻观念即为多子多福等生育观。此外，在婚礼过程中还可以以其他特定食物来表达多子之观念，比如石榴。据《北齐书·魏收传》记载，高延宗纳妃时，妃母宋氏即以石榴相送，其含义不外乎是借由石榴多籽的形象，表达子孙众多的希望。但这一习俗在唐代似乎并未得以流传。

除了以仪式和事物来祈盼多子外，在食疗养生成为流行趋势的唐代，一些医师还提出了使用可食用动植物来治疗女性婚后无子的情况。如乌贼鱼骨，根据医书记载，它可以治疗女性无子的病症。与之相对的，还有唐人对一些特定食物的禁忌。这些禁忌的范围很广，也很多变。其中果蔬有梨，肉食有羊肉。而某些特定时段的食物亦不能食，如在四月的时候不能吃鸡肉，否则会造成"丈夫少阳，女人绝孕"的严重后果。在配合治疗无子的过程中，也需要根据不同的药物搭配不同的饮馔或注意忌口，以便取得理想的治疗效果。如服用白薇丸时，就不能吃猪、鸡、鱼、驴、马、牛等肉，并且生冷、醋滑的烹调手段也不能使用。

二、三日洗儿和满月庆贺

与上文所述不同的是，这两项习俗均是为了庆贺新生儿顺利渡过生命中最为艰难的时刻。这与中古时期较高的新生儿死亡率是息息相关的，民谚中便有"七天风，八天扔"的说法。而据门玥然等人的统计，唐后期儿童的夭折率高达47%。对传承香火的期待与居高不下的死亡率之间的矛盾，使得唐人对新生儿的生命极为关注。其中就包括对其进行仪式上的辟邪、保命。其中"三日洗儿"之习俗是为了帮助新生儿祓除不祥，而满月则代表着新生儿已经基本可以成活。也正是由于三日与满月是关系到家族新成员能否顺利成长的重要时刻，因而为隋唐人所重视。

（一）内人争乞洗儿钱：三日洗儿

"日高殿里有香烟，万岁声长动九天。妃子院中初降诞，内人争乞洗儿钱。"唐代诗人王建的《宫词》描写了后宫生育的场景。其中提到的"洗儿钱"即说的是"三日洗儿"之习俗。"三日洗儿"又被称为"洗三"或"洗儿会"，是新生儿出生后所经历的首场人生仪式。在洗儿之日，新生儿的亲属及其父母的友人纷纷前来贺喜，主家也须相应地准备酒宴来招待大家。《资治通鉴》卷二〇五就曾记载则天朝的右拾遗张德在武则天下令"禁屠宰"之时，仍旧置办酒肉招待宾客以庆贺其子"洗三"而为同僚所告发。虽然张德最后得到了武则天的宽恕，但张德在则天朝相对紧张的政治氛围中，甘犯禁令以宴宾客的举动，足以说明"三日洗儿"须办宴饮答谢恭贺之人的习俗在唐人心中的分量，亦说明这一习俗在社会上的影响之大。

唐代最为著名的洗儿仪式，当是杨贵妃在安禄山生日后三天为其举行的，史言："贵妃以绣绷子绷禄山，令内人以彩舆舁之，欢呼动地。"欢笑声之大，甚至传入了玄宗的耳朵里。玄宗派人前去询问，得知爱妃正在给义子安禄山操办三日洗儿之会，也前去观望，并且赏赐甚多，以作调笑。安禄山的这次三日洗儿会，自然是一场闹剧，但足以说明"洗儿"习俗是整个唐代社会都盛行的一项活动，不分民间与宫廷。而宫廷"洗儿"甚至更加隆重，即便是在艰难困苦的时刻也不能马虎。比如天复二年（902），唐昭宗避难凤翔府之时，正遇皇女出生三日，因此赏赐了洗儿果子、金银钱、银叶坐子和金银铤子等物品。

（二）万寿乐章陈：满月习俗

满月是继"三日洗儿"后，为新生儿举办的第二场仪式。一般而言，不论皇家还是平民，在满月这天，均要为新生儿举行宴会以示庆贺。有关皇家新生儿过满月的诗篇有很多，比如郑愔即作《中宗降诞日长宁公主满月侍宴应制》一诗，其云："春殿猗兰美，仙阶柏树荣。地逢芳节应,时睹圣人生。月满增祥荚,天长发瑞灵。南山遥可献,常愿奉皇明。"而杜审言也于安乐公主满月之时,作《岁夜安乐公主满月侍宴应制》,其诗曰:"戚里生昌胤,天杯宴重臣。画楼初满月,香殿早迎春。睿作尧君宝,孙谋梁国珍。明朝元会日,万寿乐章陈。"从二者的诗文中,我们不难看出满月宴的主旨在于对新生儿的祝福,希望他能够顺利成活。

除皇家外,普通百姓亦会为新生儿举办满月宴饮。如《法苑珠林》中就记载了长安城西路的一户人家喜得麟儿,在满月之日举族庆贺,并杀羊摆宴以示喜悦。这种摆满月酒的做法,在今天仍然十分盛行。除了普通的摆酒宴请之外,这一时期信仰佛教的家庭,在经济条件允许的情况下,还往往邀请僧人于家会食、念经,以求佛祖能够庇佑新生儿。比如《宣室志》就记载,唐代的剑南节度使、太尉兼中书令韦皋的家人笃信佛教,因此在他满月之时于家中召集僧人会食。在僧人会食结束后,僧众为韦皋作法事祝寿。无论是哪一种做法,在满月之时为新生儿祈福的意愿都是一致的。

此外，据《北户录》记载，南方地区的人们在生子三日、满月的时候还要吃"团油饭"以示庆贺，所谓"凡力足家有产妇，三日、足月及子孙晬，为之"。这种饭的做法是"煎䴚鱼、炙鸡鹅、煮猪羊、鸡子羹、饼、灌肠、蒸脯菜、粉糍、粔籹、蕉子、姜、桂、盐豉之属，装而食之"。

第二节　婚丧习俗

一、婚俗

（一）花开将尔当夫人：等级与天定的婚姻观念

在我们的心目中，唐代是一个自由、奔放的时代，但在人生大事——婚姻的选择上，唐人与前人一样，都极为谨慎且讲究门第等级的对等。门当户对不仅是民众的心理，更是法律所规定的条款之一。唐代的法律中专门设置了"户婚律"，作为对当时婚姻关系及其相关问题的权威解答。从这些规定中，我们可以看到，唐代的婚姻法主要是为了保障男子和上层人士在婚姻当中的优势地位，依旧是"丈夫百行，妇人一志"的具体体现。在律法中，唐人明确规定了不同等级的人群只能在各自等级中进行婚配，也就是律法上所谓的"当色为婚"。具体说来，唐朝社会将人群大致划分为三类：官人、良人以及贱民。官人的主要组成自不用多言；良人是指那些具有独立地位的、纳入法律编户之内的百姓，没有官职的地主和自耕农都属于这一阶层；而贱民则主要是指那些被役使的奴婢、部曲、工乐户等没有独立社会地位的人。根据法律的规定，良贱之间绝对禁止通婚。如果奴婢娶了良人为妻，要被判处一年半有期徒刑；如果奴婢不仅娶了良人为妻，还冒充良人，则要加罚半年。由于奴婢在一定程度上是其所有者的资产，因此，奴婢所生育的子女也属于所有者管辖。这就是说，奴婢不仅对自己的婚姻没有选择权，其子女的婚姻也不受自己控制。如果他们擅自将自己的女儿嫁给良人为妻妾的话，就要按盗窃罪判刑。这是唐人在进行婚配时最为基础的条件，也是被严格遵守的律法。

唐律还规定不能以妾、婢为正妻，以维护妻、妾、婢之间固定的等级关系。但与良贱不能通婚相比，此条律法的执行就要宽松得多。比如高宗朝的宰相许敬宗在正妻裴氏去世后，将裴氏的婢女改姓为虞，纳为正妻。后来虽然虞氏因为与许敬宗长子李昂私通而被休弃，但许敬宗本人却没有因为以妾为妻遭到任何处罚。无独有偶，唐德宗贞元十五年（799），名相杜佑在正妻梁氏死后，不仅将妾李氏扶为正嫡，还请朝廷封李氏为国夫人。这件事情虽然在舆论上掀起了轩然大波，但杜佑本人只是遭到了舆论的非议，而并没有受到实质性的处罚。后来朝廷虽然追封了正妻梁氏，但还是授予李氏密国夫人的称号。由此可见，这一规定在当时仅为具文而已，并没有得到严格的贯彻。

除了门当户对的思想外，姻缘天注定的观念在唐代也十分流行。我们今天所用到的"月老""千里姻缘一线牵"等词汇与观念，都来源于唐代的笔记小说。宋人编辑的隋唐五代笔记小说合集中，就收录了一个名为《定婚店》的故事。这则故事大致内容是：士子韦固少孤，希望能够早点娶妻，但一直未能如愿。在旅居宋城南店时，朋友向他介绍了清河司马潘昉的女儿。韦固按捺不住急切的心情，天还未亮就赶到了约定的地点。在此，韦固看见一位老人倚靠布囊坐于阶上，并拿着手中的文书借月光而读。韦固好奇，便询问老人，才得知老人看的是幽冥之书，而老人就是掌管天下婚配的幽吏。韦固趁机向老人打探自己此行能否成功，老人告诉韦固他的妻子现在才3岁，要等到17岁时才能与他成婚。韦固又问老人所倚靠的布囊是什么，老人告诉他布囊中装的都是红绳子。如果两人应为夫妻，则用红绳系于二者的足上。被系上红绳的两人，哪怕是仇敌之家、哪怕是贵贱悬殊都会终成眷属。韦固最后的婚配正如老人所言。这是唐代姻缘天定说最典型的故事，也是我们今日月老、红绳等观念的直接来源。与之相似的故事在《太平广记》中还有几例，但主题思想都是表达"伉俪之道，系于宿缘"。这与我们今日老百姓所说的"不是一家人不进一家门"有着异曲同工之妙。

（二）平江波暖鸳鸯语：择偶标准

与今人一样，唐人也有着自己的一套择偶标准。总体说来，唐人的择偶标准从精神层面说注重门第与礼法，从现实条件而言注重资财与功名。

对门第的注重是唐代婚姻的基石,不同阶层的男女是不能通婚的。即便是处于同一阶层,若门第不对等,其婚配也被认为是不合礼法的。此外,对于礼法、妇道的恪守,是当时士人选妻的一个重要标准。唐代公主难嫁就是这一标准的例证。与我们常人想象当中的"皇帝的女儿不愁嫁"恰恰相反的是,唐代公主乃至县主都是婚配中的老大难,许多能够与皇室门当户对的人都不愿意娶公主为妻。究其根本,还是因为公主因自身出身高贵,往往不守礼法、不遵妇道。我们所熟知的辩机和尚与高阳公主的私通,虽然最终以辩机被腰斩而告终,但这件桃色丑闻对高阳的夫家所造成的负面影响和内心阴影却是不可估量的,更何况高阳嫁予的是一代名相房玄龄的儿子房遗爱。与之相似的还有著名的戏曲《打金枝》,讲的是对唐朝有再造之功的大将郭子仪之子郭暖因受不了升平公主的骄横而借着酒劲打了金枝玉叶的公主。由此可见,公主骄纵、驸马受气是当时成为乘龙快婿的常态。此外,根据史料的记载,公主因为身份尊贵,在婚配之后不必向公婆行礼,公婆反而要向公主跪拜。公主若不幸先行离世,驸马则要如为父母服丧一般，为公主服丧三年。种种的不合礼法都成为士人家庭不能接受皇室联姻的缘由，士人也往往将做驸马视为畏途，避之唯恐不及，以至于文宗发出了"我家二百年天子，可士大夫为什么都不愿与我结亲"的感慨。由此我们也可以看出，唐代社会特别是士人家庭，在选择婚配时，对懂礼法、守妇道是极为看重的。

对于金钱与地位的追求不仅仅是今天婚姻天平上的重要砝码，在唐代也是人们选择婚配对象的重要条件。有钱人家的姑娘人们争相说媒，而穷人家的姑娘就算长得貌若天仙，有人有礼聘的想法，但知道其家庭情况后往往又打消了这种念头。如白居易曾作《议婚》诗："红楼富家女，金缕绣罗襦。见人不敛手，娇痴二八初。母兄未开口，已嫁不须臾。绿窗贫家女，寂寞二十余。荆钗不直钱，衣上无真珠。几回人欲聘，临日又踟蹰。"此诗便讽刺了当时攀高结富、贫女难嫁的婚俗情况。有钱人家的姑娘，衣服为金丝所绣，即使年龄才十六岁出头，母亲和兄长还没有让其出嫁的念头，却已有许多人给说媒，很快就出嫁了。反之，穷苦人家的姑娘，头戴荆枝制作的髻钗，衣服上也没有绣珍珠，二十多岁也没有人提亲。几回有人想要提亲礼聘，但临了还是犹豫不决。所以贫家女子只能眼睁睁看着邻家富女早早出嫁，而自己却苦苦待嫁闺中。

  在这种恶俗观念的影响下，一些位高权重的官僚就将嫁女变成一种敛财的手段，这便是唐人所谓的"卖婚"。唐高宗时期的宰相许敬宗就是爱财如命的人。他有两个女儿，其中一个远嫁到岭南给蛮人首领冯盎的儿子做媳妇，另一个嫁给当初因罪没为官奴的监门将军钱九陇，从中得到数十万的聘礼。许敬宗的儿子娶了尉迟恭的儿子尉迟宝琳的孙女，就是为贪图尉迟家的金钱。唐玄宗、唐肃宗时期的宰相房琯，他的长子房乘从小双目失明。之后房琯罢相任汉州（今四川省广汉市）刺史，用重金为房乘聘娶了汉州司马李锐的外甥女卢氏。卢氏的家长便有"卖婚"的嫌疑。唐高宗曾专门下诏对官员利用嫁女来敛财的风气进行限制，规定三品以上之家，不能收绢超过300匹；四品、五品，不得超过200匹；六品、七品，不得超过100匹；八品以下，不得超过50匹。但从唐后期的情况来看，这种风气并没有得到遏制。

当然,郎才女貌从古至今一直是择偶的重要标准。"郎才"在唐代可以指有功名,尤其是得中进士科。唐代的新科进士不仅流行雁塔题名,而且还能享受官方曲江宴饮的待遇。据《唐摭言》记载,这一天就成为公卿家族选择女婿的日子,造成"车马填塞"的场面。此外,颜值的高低在择偶时也占据主要地位。爱美之心人皆有之,因此唐代也是一个"看脸"的时代。如盛唐时期的著名诗人崔颢,"娶妻唯择美者,俄又弃之,凡四五娶",娶老婆就要美丽的,不久之后便舍弃再娶。这也属于典型。而一见钟情往往是由颜值决定的。如《李娃传》中记载荥阳公子见李娃第一面时就被吸引,原因是李娃长得"妖姿要妙,绝代未有",就是说李娃长得风姿绰约、娇艳绝美、世上无双。唐代女子也往往有重貌轻才的。如晚唐时期宰相郑畋的女儿非常喜欢吟诵才子罗隐的诗,而且还单相思起来,幻想罗隐本人应该玉树临风、风度翩翩。有一天罗隐忽然来拜访郑畋。郑小姐欣喜若狂,便躲在帘后偷窥令她朝思暮想的罗隐。万万没想到,罗隐是一位丑男。郑小姐见后大失所望,从此再也不吟诵罗隐的诗了。

（三）亲迎骥子跃，吉兆凤雏飞：婚礼仪节

婚姻是一个人一生最重大的事情之一，因此非常注重礼节、风俗与旧制，不能草草了事。唐代婚姻一般需要经过议婚与成婚两个程序。议婚就是所谓"父母之命""媒妁之言"。婚姻大事不能由自己做主而需要父母来确定结婚对象，之后两家再通过媒人来进行沟通。如果最后两家都满意，那么就进入婚礼准备阶段。

唐代的婚礼程序也需要经过"六礼"。六礼最晚从汉代以来

敦煌壁画《弥勒经变之嫁娶》

就普遍举行，具体是指纳采、问名、纳吉、纳征、请期、亲迎。接下来详细解说唐代的六礼。

1. 纳采

男方托媒人带着礼物到女方家去提亲，如果女方家不接受，那么这门亲事就不能成。

2. 问名

男方家行纳采礼之后，女方家同意了，男方家再托媒人去询问女方的名字和出生年月及时辰，即所谓的生辰八字，以方便男方家来卜问双方能否结婚、吉凶情况如何。之后询问内容逐渐扩大，如女子的容貌、健康状况、嫡庶情况以及女方家的门第、官职、财产等。

唐太宗的城阳公主最初嫁给了杜如晦的儿子杜荷，后来杜荷因参与太子李承乾的宫廷政变而被杀。公主改嫁薛瓘（他们的幼子薛绍后来娶了太平公主），在出嫁之前，唐太宗特命人卜问了吉凶情况。卜人说一开始他们是幸福富贵的，但二人最终却会有一个令人悲伤的结局。如果在白天举行婚礼，那么他们二人会有一个好的结局。婚礼其实原本是"昏礼"，举行于黄昏时候，取阴阳交替之义。

当时的大臣马周反对这种改变习俗的行为。李世民采纳了马周的意见，最终薛瓘被贬至环境恶劣的房州做刺史，城阳公主随他一起赴任。唐高宗咸亨年间，薛瓘夫妇都死在房州，最终结局是双柩还长安。

3. 纳吉

男方家行过前述二礼之后，在自己的家庙中卜问吉凶。得到凶兆，一般都会悔婚。如果得到吉兆，男方家就要备礼去通知女方家，然后双方正式决定缔结婚姻，这就是现代意义上的订婚。

4. 纳征

纳征又称为纳币。征，是"成"的意思。男方家在纳吉之后，派遣使者纳送聘礼至女方家，这也是成婚阶段最重要的礼仪。

纳征时还需要附上"通婚书"，就是男方家长给女方家长写的问候和确定婚事的简短信函。内容大概是：我的儿子已经成年了，还没有婚配。知道您的姑娘长得很美丽，而且人品很好，因此希望两家可以结成好姻缘。我恭敬地托媒人来求婚。不知道您是否愿意，我在家中静候您的回答。女方家出于礼貌，也会回男方"答婚书"。内容大概是：我的女儿刚刚成年，还没有熟悉礼节。贵府的公子也尚未婚配，愿意和我们联姻。我们这是攀高枝呀，我们家怎么敢不恭敬地答应呢！这两份婚书都是套话，但却是法律所规定的环节，这段婚姻由此就有了法律保障，如果再悔婚就会受到惩罚。女方家悔婚会被判打六十杖，男方家悔婚不罚，但不能索回聘礼。

通婚书或答婚书都要使用好纸，用楷书书写，要放在杨木或楠木的礼函中。礼函要用五色线分三道缠绕，而且尺寸也有讲究。通婚书要让函使和副函使来送达，一般会选择亲族中有官位、有才貌的两位青年担任。同时他们还负责将聘礼送给女方家。聘送队伍也有规定的排序，走在最前面的是押函的两匹骏马，不装马鞍和辔头，用青丝或青麻做笼头装饰，用红绿丝缠在马尾上。之后是放信函的车，由三个小女婢跟随。后面按序分别是五种颜色的绫罗等丝织品，捆为一束的五匹帛，放铜钱的车（用青麻串一千铜钱为一贯），猪羊。再后面按序分别是用盘盛放的须面、野味、果子、油盐酱醋、椒姜葱蒜等。函使的队伍来到女方家，要把聘礼陈列于中庭，任由他人品评，并当众朗读婚书。交接礼结束后，女方家设宴款待聘送队伍，然后会有回赠和答婚书。

5. 请期

请期是指男方家将聘礼送到女方家，最终确定婚姻之事后，再占卜吉日来确定婚期。之后男方家派遣使者执礼品告知女方家婚期。此礼多用红纸来写迎娶日期和时辰，称为请期札书。为简化礼节，有时和纳征是同时进行的。

选择吉日成亲不仅是唐代的习俗，现代社会也是这样。在唐传奇中就有这样一则故事：唐穆宗时期的进士张无颇偶然获得了神药玉龙膏。当时南海龙王广利王的女儿患有顽疾，久治不愈。广利王就求到张无颇门下，请他出神药救自己的女儿。结果药到病除，广利王出于感激就将自己的女儿嫁给张无颇。之后广利王"遂命有司，择吉日，具礼待之"。故事虽然是虚构的，但是可以看出唐人择吉日结婚是一种必然的选择。

6. 亲迎

六礼中最后一个环节，也是最烦琐的环节，简单说就是新郎亲往女方家迎娶新娘的仪式。

亲迎的时间是在黄昏时。新郎出发之前需要先祭祀祖先，要宣读祭文把新婚之事告诉先灵。女方家在新郎到来之前也要举行祭祖仪式。新郎临亲迎前，父亲还会嘱咐道："去迎你的妻子吧，好生育子嗣、传宗接代！"新郎回答说："是，不敢忘记您的嘱托。"

新郎来到女方家阶前时，迎候他的新娘的父亲会三请其升阶。之后会举行一项郑重的仪式——"奠雁"。新郎会拿出事先准备好的雁作为见面礼。用雁代表两层含义：第一，雁是候鸟，来往南北，不失贞节。第二，雁是随阳之鸟，表达妻顺从夫。接下来就是"下婿"环节，新郎要遭到女方家亲友们的一番戏弄。有时候会用竹棍敲打新郎，有时候可能还会发生意外。据记载，在唐代有一次把新郎抬到木柜中，结果导致新郎窒息死亡。之后新娘就要准备出堂登车，此时新娘需要梳妆打扮，于是这个环节就叫"催妆"。新娘迟迟不出，一来显得舍不得离开娘家，二来显得自己娇贵。新娘需要被多次催促，才肯出来登车。唐人注重诗赋之才，于是在此环节便诞生了催妆诗，一般是由新郎亲作，有时也背一首流行的模板诗。新娘离家之前，父母会训诫几句，说："以后你要谨慎做事，要尊敬夫家，不能违背他们的命令！"在临别之时，父母会将大方巾帕或帏帽等盖在女儿头上，称为"蔽膝"或"盖头"，其用意一方面是遮脸，另一方面是辟邪。

新娘上车之后，新郎会骑马绕着车跑三圈。在准备启程时，还有"障车"环节，就是女方家人或者亲友会挡住车子，不让新娘离开，索要酒食或财物，以为戏乐之事。这种风俗最初可能有女方家对新娘出嫁的惜别之意，但后来逐渐演变成索要钱财的一种方式。唐人无处不作诗，甚至在障车环节中有时还要以诗文助兴。

新娘到新郎家后，双脚不能履地，据说是为了避免冲犯鬼神，因此需要踩着准备好的毡席进门。由于毡席短而道路长，于是就需要一路从后往前转移席子，唐代称为"转席"。新娘进门之前，公婆等人要提前从便门出去。等到新娘进门之后，公婆再绕到正门，践踏新人的足迹入门。据说是为了踩压新娘的锐气，以免以后凌驾于自己之上，难以驾驭。举行婚礼的地方叫"青庐"或"百子帐"，是需要提前占卜、选好位置后用青布幔搭建起来的屋子。

之后婚礼开始迎来高潮。新娘被迎到夫家之后，会以扇掩面。亲友宾客会列坐观她的样子，不仅可以任意品评其衣着、相貌、身材，而且可以戏弄她。之后就是行拜堂礼，主要是夫妻对拜，不需要拜公婆。拜毕后，夫妻坐在床上，有一位或几位妇女撒金钱或彩果，这个环节叫"撒帐"。宾客们无论长幼，都争相拾取，为戏谑欢笑之事。

婚礼的最高潮是新婚夫妇行同牢和合卺礼。牢，指猪牛羊等。同牢就是夫妻同吃一种食物，表示开始共同生活。卺，本是一种酒器。合卺就是夫妻在新房内同饮合欢酒。从宋代到现在都把合卺称为"交杯酒"。之后是合髻，新婚夫妇各剪下一绺头发绾在一起，表示白首同心。之后，还有去花和却扇两个环节。去花，其实就是卸妆。唐代女子头上的装饰非常多，尤其是花钿。却扇，就是新娘拿开挡面的扇子，这是她最后一层"保护"。去花和却扇都需要新郎吟诗，如果吟诵得不好，新娘可以拒绝，这就麻烦了。

关于却扇，还有一个好玩的故事。景龙二年的除夕，唐中宗夜宴群臣。酒喝到兴头上，中宗对御史大夫窦怀贞说："听说你夫人去世很久了，朕都为你忧虑啊！今天恰好是除夕，朕给你选一个新夫人吧。"窦怀贞只能拜谢感恩。不久，内侍们举着灯笼，打着金丝罗扇从西廊上来了。扇后有一位穿着华丽礼服、头戴花钗的新娘。中宗让窦怀贞与她面对面坐着。窦怀贞心想，皇帝做媒，这新娘子肯定差不了，一定是一位美女。中宗让窦怀贞吟诵几首《却扇诗》。扇子撤去，女子去掉花钗换衣服再出来。群臣定睛一瞧，原来是韦皇后的老乳母王氏，长得又老又丑还浓妆艳抹。皇上与侍臣哄堂大笑。

却扇之后，就是"看花烛"或"看新娘"。此时此刻，新郎才能仔细看新娘子长什么样子，但即使长得相貌丑陋，这个时候也恐怕来不及后悔了。同时还要"闹洞房"，戏弄新婚夫妻，这种戏弄有时有性启蒙的作用。然后就是安息就寝，新婚仪式就基本结束了。

二、葬俗

唐人一生的重大礼仪主要有五种：诞生礼、冠礼、婚礼、寿礼、葬礼，其中婚丧二礼最为重要。唐人对丧礼的重视不仅出于"孝"层面的表达,而且还有对于祖先崇拜的信仰。人去世之后似乎具有了神性,可以保佑子孙。于是丧礼举行的完满与否就直接关系到自己或者子孙是否可以平安顺利。下面我们将通过唐代举行丧葬仪式的过程,来认识唐代的丧葬风俗。

(一)一朝纩息定,枯朽无妍媸:丧葬仪式

唐人在病人病危时,就开始脱掉他的衣服,换上事先准备好的寿衣,由四个人分别捉着临死者的四肢。家里不能再奏响音乐,而且内外要打扫干净。如果临死者有遗言就书写下来。然后将薄薄的新棉放在临死者的口鼻上,来验证还有没有呼吸,这被称为"属纩"。所以有诗云:"一朝纩息定,枯朽无妍媸。"

在死者刚刚去世之后,会举行招魂仪式。三位招魂者把死者上等的衣服搭在自己的左肩上,上正室屋顶,踩着屋脊,左手拿着衣领,右手握着衣腰,面向北,从西往东摇,同时还要大声呼叫:"某某回来吧!"这就是招魂。呼叫三次之后就停下来,把衣服丢在房前,之后覆盖在尸体之上,意味着魂已经附着在衣服上,披在尸体上魂就会回

到身体内，人也可能复活。

在唐代小说中就记载了一则招魂复生的故事。有一位姓韦的有钱人，家中有个很得宠的女妓，但她不幸早卒。韦富人伤心欲绝，听说嵩山任处士懂得返魂之术，就去求他。任处士拿着女妓的裙子面向内寝招魂，三次之后，忽然听到了哀叹之声，女妓便奇迹般地复活了！其实这种招魂故事未必真实，但是从医学上讲人有假死的可能性。而且对于生者而言，一时难以接受死者去世的事实，也非常愿意相信死者是假死，举行一些仪式主要是给自己的内心提供安慰。唐代还有"招魂葬"和"招魂祭"。如一些战死疆场的将士或死在外地的人，家人得不到尸体，便用死者生前所穿的衣服招魂而葬。唐代诗人张籍《征妇怨》便云："万里无人收白骨，家家城下招魂葬。"

招魂后便是对尸体梳洗沐浴，像生前一样剪去鬓发和指甲。之后给死者穿上三套衣服，便开始举行饭含礼。"饭"是孝子不忍心死者生前可以吃东西而死后没有东西吃，就将粮食放在死者口中。"含"是死者口中含玉或贝，据说这样有益于保持死者的尸体不朽。"饭含"也体现了等级差别：

敦煌壁画《弥勒经变之墓园》

唐代皇帝饭粱含玉；三品以上官饭粱含璧；四、五品官饭稷含碧；六至九品官饭粱含贝。唐初名将李大亮，由于生前清廉节俭，去世之后家中竟然没有可含的珠玉。

在死后的第二天早晨举行小殓礼，就是正式为死者穿入棺的衣服。唐代有品级的官员小殓衣有十九套，朝服一套，还有一个笏板。在死后的第三天举行大殓礼，就是将死者正式放入棺材，又称为入殓。孝子和亲友们再次瞻仰遗容，与死者做最后的诀别。为什么是三天呢？一是等待死者复生，如果三日不复活那么就不可能复活了；二是为置办丧具丧服提供时间；三是等待远方亲友的到来。

唐代皇帝的停灵时间比较长，如高祖六个月、太宗四个月、高宗九个月、中宗六个月、睿宗五个月、顺宗七个月、宪宗六个月。时间如此长，是因为皇帝的葬礼准备时间长，而且陵寝还需要完善，同时也是孝的一种表达。普通百姓经不起这么折腾，每日的花费恐怕都会使人捉襟见肘，而且会影响正常的劳作，所以停灵时间一般都是三天或七天。

唐代在停灵期间也有一些讲究。首先，唐代也会设灵堂，以供家人、亲友、宾客来吊唁。灵堂的地上会铺干谷草，孝子孝女们要坐卧在上面，叫作"守灵"。其次，皇帝和官员的葬礼上会在灵前竖起一个挑有绛色幡的竹竿，上写官职、称呼等，这叫作"铭旌"。官员品级不同，幡的长短和竹竿的形制不同。如皇帝的幡长二丈九尺，相当于现在的8.7米，将近三层楼高，可谓壮观，上书"某尊号皇帝之枢"，比如唐玄宗的铭旌写的是"开元圣文神武皇帝之枢"。三品以上的官员幡长9尺，四、五品是8尺，六品以下是6尺。上书"某官封之枢"，比如程咬金的铭旌会写"骠骑大将军益州大都督上柱国卢国公之枢"。这作为一种葬礼上的景观，是死者生前等级的象征。而平民百姓不能用铭旌。

出殡是唐代葬礼中最为烦琐的环节之一。官员出殡时要使用其生前所用的仪仗，即卤簿，外加孝子贤孙等，可谓"人多势众"。围绕灵车，有"引"和"披"。"引"是指挽郎要挽着牵引灵车的绳索。"披"是指用布系在灵车四边的柱子上，在四周有人拉着以防发生倾斜等意外。在唐代葬礼上还能看到"翣"。翣形似大扇，用来障车，广二尺,即60厘米左右,高二尺四寸,近似方形。翣柄长五尺,灵车行动时由人举着随行。

此外,沿途还要由挽郎来唱挽歌,也就是哀歌,有时候会雇佣职业唱挽歌的人来参加。官员还配有"铎"来为挽歌配乐。"引""披""翣""铎"也是官员才能使用,普通百姓不能僭越使用。唐代一品官有引四、披六、铎十六、翣六;二、三品官有引二、披四、铎十二、翣四;四、五品官有引二、披二、铎八、翣四;六品以下官有引二、披二、铎二、翣二。

(二)丧服

唐代的丧服也很有讲究,主要是根据与死者关系的亲疏远近而穿五种丧服。现代社会已经很难感受到什么是"五服之亲",在唐代这种"亲"是由丧服体现的,所以通过丧服我们更能理解古代所谓的"宗族"。五服非常复杂,下面简单讲讲。

第一等是斩衰[cuī],主要是儿子或还没有出嫁的和已经出嫁又由于离婚或其他原因回到本家的女儿为父亲而穿的丧服。唐时要服丧三年,斩衰就要穿三年。此丧服是由最粗的生麻布做成，不能修外露的衣边。之后随着丧服降等，制作材料和手段会得到改善。

第二等是齐衰 [zī cuī]。齐衰又分为五等：服丧三年，主要是儿子在父亲在的情况下为母亲穿的丧服；服丧一年，其间手里拿丧棒，主要是作为祖父的继承人，祖父在时为去世的祖母穿的丧服；服丧一年，不拿丧棒，主要是为祖母，为伯父叔父，为兄弟，为嫡长子以外的儿子，为兄弟之子和女儿，为嫡孙，等等；服丧五个月，主要是为曾祖父母及其女儿在家未出嫁和已出嫁的等；服丧三个月，主要是为高祖父母及其女儿在家未出嫁和已出嫁的。

第三等是大功，又有两种区别：十六岁至十九岁死亡的称为长殇，服丧九个月；十二至十五岁死亡的称为中殇，服丧七个月。主要服丧对象是：儿子、女儿的长殇、中殇，叔父的长殇、中殇，姑、姐妹的长殇、中殇，兄弟的长殇、中殇，嫡孙的长殇、中殇，等等。

第四等是小功，服丧五个月。主要服丧对象是：儿子、女儿八到十一岁就夭折的下殇，叔父的下殇，姑、姊妹的下殇，兄弟的下殇，嫡孙的下殇，等等。

第五等是缌麻,服丧三个月,主要服丧对象是伯叔父的儿子、女儿的中殇、下殇,非嫡孙的中殇、下殇,兄弟之孙的长殇,等等。

(三)丧葬中"孝"文化的表达

其实丧葬在很大程度上体现的是"孝"的文化内涵。以守孝为例,在斩衰服丧期间,前三天不能吃任何东西,第四天才能吃一点粥,一年之后才能吃蔬菜和水果,两年之后才可以加酱醋调味,三年之后服丧期满才能饮酒吃荤,回归到正常生活。唐代服丧三年其实是二十五个月。在居住上也不能安逸享受。孝子在守孝的第一年要在家里中门之外的东墙下,坐南朝北,盖一座非常简陋的草房子,躺在草垫上枕着土块睡觉。一年以后可以将草房稍稍装修改成小屋子。两年以后回到正屋寝室,但是不能睡在床上。三年之后才能回归正常生活。此外,守孝期间还要禁止婚娶、禁止宴饮等一切享乐活动。官员的父母去世之后,要解任归家守制三年,这就叫"丁忧"。

唐中期有孝子梁文贞,年轻时从军作战,退伍后返家时父母已经去世。梁文贞痛恨自己不能侍奉双亲、朝夕尽孝，于是打穿坟墓，自己住在墓的旁边，早上和晚上都去墓中打扫，向父母请安，好像双亲都在世一样。而且三十多年不再与人说话，再要紧的事也只是写字交流而已。这当然已经不是一般人可以做到的了，于是朝廷大加表彰，载入史册。

唐宪宗元和九年（814）四月，京兆府法曹参军陆赓病逝，他的儿子陆慎余和其堂兄陆博文在守丧期间身穿华丽的衣服，最要命的是在坊、市等公开场合饮酒食肉。京兆府就把此事上奏给皇帝，皇帝大怒，下诏先将两人各打四十大板，然后将陆慎余流放到循州（今广东惠州、河源和梅州），将陆博文打回原籍。循州在唐代属于岭南地区，多是流人发配的场所。由于岭南气候潮湿，又有瘴气，还多毒物，唐人认为去了岭南就等于踏进了鬼门关。

唐代的孝子不仅会得到朝廷的表彰，而且还会成为地方或者全国的名人，确实是名利双收的好事。可是非得打破常规，对自己越发苛刻才越能体现出孝。正由于此，唐代也出现了"假孝子"。接下来讲两个打假的故事。唐代有一个叫郭纯的人，母亲去世之后，他每次大哭都会引来百鸟群集。地方官认为这是感天动地的孝行，于是上报朝廷，使郭纯得到了表彰。之后才知道，郭纯之前大哭时都会将饼渣撒在地面上，群鸟就过来争食。多次之后，鸟儿就好像被训练过似的，形成了惯性思维，只要郭纯一哭，它们就认为会有食物而群集起来。还有一个故事：有一个叫王燧的孝子，据说他的孝行感天动地，于是家中便出现了猫犬互相哺乳对方幼崽的事。地方官上奏后，王燧也获得了表彰。但真相是猫犬同时生产幼崽，王燧故意将猫的幼崽放到狗窝里，把狗的幼崽放到猫窝里，久而久之，母猫和母犬都不再排斥异类。

第三节　其他风俗

一、人际交往

唐代名将郭子仪是家喻户晓的人物，他平定了安史之乱，有中兴大唐之功。但是人们可能不知道，郭子仪在人际交往上的情商也相当高。唐德宗建中初年，郭子仪已经八十多岁，位极人臣，被尊称为"尚父"，过着声色犬马的幸福日子。当郭子仪生病时，百官都来探望问候，郭府的美姬和侍女都待在郭子仪身边服侍，而且穿着和言语都很随便。这在外人看来显得不够庄重，但郭子仪却不以为意。有一天，负责弹劾百官的御史中丞卢杞来看望郭子仪。郭子仪大惊，马上命美姬和侍女都退下，只留下又老又丑的妇人照顾自己。他整理了衣服，端坐在床上，伏着几案等着卢杞。卢杞和郭子仪谈了很久。在他离开郭府之后，家人就问郭子仪：比卢杞官品更高、地位更重要的官员来府，你都不避讳，为什么单单对待卢杞却这么慎重呢？郭子仪说："你们不知道，卢杞长得很丑，而且是蓝脸，像鬼一样。他心地险恶、有仇必报，不是什么好人。女人们平时让我娇惯得没大没小，看到他长得那么丑陋，肯定会当面笑话他。如果他怀恨在心，哪天等他掌权了，咱们家就没有好果子吃了！"果然，没过多久，卢杞就被提拔为宰相。他居相位之后，嫉贤妒能，对于以往嘲笑过自己或看不起自己的人都暗地里设计陷害，包括宰相杨炎、名臣颜真卿都被他陷害排挤。而郭家却终能幸免于难，这与郭子仪礼遇他是有一定关系的。

看来唐人在人际交往中，随对象不同，礼仪也会有所不同。一般而言，客人来时自己要衣着整洁端庄，恭敬迎候。其实礼仪交往中都离不开一个"敬"字，只要心中怀有此字，多为他人着想，提高对方的地位，在交往中就不会有太出格的事。尤其是在宴会上，位序尊卑是非常讲究的，首座一定要由比自己官位高或地位高的人坐。

敦煌文书中有隋末唐初之人王梵志的诗，其中有一首就说到了人际交往中需要注意的问题，对现代社会也很有参考价值，非常类似于现在能看到的《社交礼仪大全》之类的书。其可以总结为以下几点：

第一，应邀到别人家去做客，要让主人先进门，自己不能先进门。

第二，酒席宴会的座次按照尊卑来排，不能随便坐。地位高的人如果站立着，自己就不能坐。让你坐时不能背对着别人。

第三，如果其他人都没有动筷子吃东西，自己也不能先拿筷子吃。

第四,地位高的人与自己对饮时,要躬着身子听使唤,不能东张西望。如果主人给你夹东西,千万不要推辞。

第五,酒席间,如果地位高的人没有问你,就不要多说话。

第六,不要贪杯喝醉,要不然就会失态,招来别人的嫌弃。

第七,看见有人来了要赶紧起身,表示恭敬。

第八,地位高的人或者亲属来了,要尽量出门远迎。

第九,来的人无论是贫还是富,都要平等对待,不能厚此薄彼。

二、避讳与行第

(一)避讳

避讳其实也是中国传统文化的主要体现。从儒家思想的忠孝观念出发,对于君主或尊亲的名讳必须要有所回避。

唐代避讳的方式主要有四种:第一是不称名而改称字。如唐玄宗时期的著名史家刘知几,"几"与李隆基的"基"同音,于是就改称刘子玄,而"子玄"是他的字。

第二是删字或缺字。如《隋唐演义》中大名鼎鼎的徐茂公，在历史上真名叫徐世勣，字懋功，唐高祖赐他国姓，于是改为李世勣，后又因避唐太宗的名讳，改名为李勣。第三是改字法。如唐高祖李渊的祖父叫李虎，为避讳就把"虎丘"改为"武丘"，"虎牢关"改成"武牢关"。第四是缺笔法。比如唐高宗李治的"治"，在敦煌文书的唐代文献中就缺了最后一横。

避讳的对象主要有以下几种情况：

首先是避皇帝之讳。如汉高祖叫刘邦，汉代编修的史书《史记》和《汉书》就改"邦"为"国"。东汉光武帝的名字是刘秀，所以东汉把"秀才"改为"茂才"。唐后期入唐求法的日本僧人圆仁到达长安西明寺后，另外一位日本求法僧宗睿告诉他到了唐国是需要避讳的。他说大唐国当今皇帝叫李昂，所以要避讳"昂"字，此外之前的皇帝名讳是纯（淳）、诵（讼）、适（括）、豫（誉、预）、隆基、亨、治、渊、虎、世民等，发音相同的字也都要避讳。为什么宗睿要特别提醒圆仁这一点呢？那是因为圆仁入唐国以后，在与官府打交道的时候需要写往来文书,所以要注意避讳,省得惹来不必要的麻烦。

其次是避私讳,就是避父亲、祖父、曾祖父三代的名讳。唐代法律明确规定如果官员不顾"府号、官称"而犯了父祖的名讳会受到一定的惩处,这被认为是大不孝的行为。府号是指:省、台、府、寺之类,如尚书省、御史台、京兆府、太常寺等。官称是指尚书、将军、卿、监之类,如礼部尚书、监门将军、光禄卿、少府监等。比如说某官的父、祖名"常",就不能任太常之官;名"卿"就不能任带"卿"的职位,比如太常卿、太常少卿。在唐代这种例子有很多。比如贾曾因为父亲讳"忠"就不肯做中书舍人;韦聿升官当秘书郎,但为了避父名讳,改为太子司议郎;柳公绰被提拔为礼部尚书,但为了避父名讳,改为尚书左丞;有"诗鬼"之称的唐代著名诗人李贺,由于父名"晋肃",所以即使他才高八斗也不能考"进士科"。

在生活中也要懂得避讳,显得自己懂得礼数、有教养。据说杜甫因为父亲名"闲",所以诗中不会用"闲"字。当知道对方三代名讳后,在交谈中不要使用讳字,要不然对方会觉得尴尬。崔宁任剑南西川节度使时,他的属下兵马使、泸州刺史韩澄与他先代的名相同,于是上奏皇帝请韩澄改名为韩潭。在公事上,撰写文书时也要避讳。比如唐后期的翰林学士负责起草诏书,遇到将相的姓名与自己私讳相同的情况,就立刻请别的翰林学士来代替自己起草。

(二)行第

行第,简单来讲就是在家族内的排行次第,前面一般都加以姓氏,如李二、张三等。这种称谓在唐代成为一种社会风俗。下面先讲一些例子。

唐高祖李渊叫自己的长子李建成和次子李世民为大郎和二郎。张易之和张昌宗是武则天的著名面首,朝中阿谀攀附他们的人便称呼他们为五郎和六郎。唐玄宗李隆基排行第三,于是杨贵妃就娇滴滴地呼他为三郎。最常见的是在唐代文人的诗作中,比如王维的《送元二使安西》、高适的《别董大》、李白的《金乡送韦八之西京》、杜甫的《送韩十四江东觐省》、白居易的《同李十一醉忆元九》、韩愈的《答张十一功曹》,等等,其中"元二""董大""韦八""韩十四""李十一""元九""张十一"

都是行第。比较有名的诗人行第有：李白是李十二，杜甫是杜二，韩愈是韩十八，白居易是白二十二，刘禹锡是刘二十八，元稹是元九。

简单了解唐代行第风俗之后，再看看这种称谓背后又有哪些讲究。

第一，称行第显得关系亲密。比如唐高祖李渊的好朋友裴寂，曾与其一起策划太原起兵，建国后成为李渊的宠臣。李渊不叫裴寂名，而呼裴三。下面再讲两则好玩的故事。

唐玄宗时期有一名酷吏吉温，曾经迫害过河南尹萧炅。后来萧炅调入长安做京兆尹，而吉温也恰好调到万年尉任上，成为萧炅的下属。萧炅当时攀附宦官高力士，只要高力士从皇宫出来回自己的府邸，萧炅就要去拜谒。吉温很聪明，也很狡猾，每次在萧炅见高力士之前，他都要提前去见高力士，而且谈得很开心，彼此称行第。萧炅远远见到后，惊讶不已。吉温看见萧炅来了，就假装要躲避，高力士说："吉七，你不需要回避！"然后指着吉温对萧炅说："他也是我的好朋友。"之后吉温又主动去找萧炅，道歉说:"我之前是皇命在身,不敢毁坏国家的法令,所以才不得不治您的罪。从今往后,我要认真谨慎地在您手下工作。您觉得怎么样?"萧炅当然就说:"好!好!咱们一起为国家效忠,之前的事情就不要再提了。"

在武则天当皇帝的时候,有一个令史叫韩令珪。这是一个厚颜无耻的人。他对王公贵人都呼行第,显得很亲密。即使是素未谋面的人,如果对方地位高、有权势,他也会在不受邀请的情况下直接去拜谒。有一次他在陆元方手下一起负责官员选拔的事情,当时中书舍人王剧由于国家的特殊需要被夺情,不必去职丁忧三年。王剧与陆元方在同一厅堂办公,韩令珪假装很吃惊地问:"怎么没有见到王五呢?"王五是王剧的行第。王剧听到便从座位上下来,仍然是面带忧伤的样子。韩令珪又是皱眉又是叹息的,显得也很难过,还说了很多安慰王剧的话。陆元方和王剧私交不错,他问王剧:"你和韩令珪很熟吗?"王剧回答说:"我和他从来没有见过,更谈不上熟不熟了。"韩令珪就是这样主动称别人行第来套近乎。后来韩令珪获罪了,在朝堂之上被处以杖刑,他远远地呼喊武则天的堂侄河内王武懿宗："大哥，为什么不救我呢？"武懿宗看了看他，冷冷地说："你是谁啊？我不认识你啊！"反而催促执杖的人快点打，结果韩令珪被打死了。这就是讽刺韩令珪临死前还乱攀关系。

第二，称行第后兼附表示关系的兄、弟、伯、叔、姐、妹、姨、丈和郎、官等，这些都带有一定的尊称性质。伯、叔、丈等，都是称呼年长或位尊的人。"丈"是对长辈男子的尊称，比如权德舆就有文章《奉送韦十二丈长官赴任王屋序》。

第三，行第与姓氏官名合称。这种称谓比只称行第显得更加郑重和客气。如李德裕的《奉送相公十八丈镇扬州》，就是送宰相王播赴任淮南节度使。还有白居易的《同王十七庶子李六员外郑二侍御同年四人游龙门有感而作》。庶子是太子东宫的属官，有左庶子和右庶子；员外是尚书省二十四司的副长官，如礼部员外郎、司门员外郎等。

第四，怎么算行第。在同一家族内，同辈的兄弟姐妹，男女的行第是各论的。排行第还有小排行和大排行之分。

小排行，限于同父所生的兄弟或姐妹。比如唐玄宗是唐睿宗的第三个儿子，就被称为"三郎"。寿王李瑁是唐玄宗的第十八个儿子，就被称为"十八郎"。小排行比较少。大排行是按照祖父、曾祖来排行，有时候也按照房系来排。比如唐玄宗时期的宰相韩休的第九个儿子韩洄，行第是韩十四，这就是按照同祖兄弟来排。宋代也延续了唐代的行第称谓，众所周知的杨家将，其中杨六郎即杨延昭，其实是杨业的长子，其他的儿子都是虚构的。之所以称为六郎，就可能是按照同祖兄弟来排的。

最后需要说的是，行第称谓没有社会等级差异性，各个阶层的人都说。如李渊叫李世民是"二郎"，叫裴寂是"裴三"；唐德宗叫陆贽是"陆九"；文人官员之间更是盛行，上文已经讲了很多例子。唐代社会下层也流行称行第，比如文献中记载有相面者冯七、梁十二，女豪侠荆十三娘，广州织鞋的何二娘，女巫包九娘。此外，教坊里面的倡优女妓也称行第，有任二姑子、庞三娘、颜大娘、魏二等。杜甫的名作《观公孙大娘弟子舞剑器行》诗，公孙大娘其实不是老太太，而是论行第居最长，所以叫公孙大娘。杜甫所见到舞剑的女子是公孙大娘的弟子李十二娘,这也是称行第。

三、休假与旅游

(一)休假

唐代的官员有较为完善的休假制度。唐代的《假宁令》详细规定了休假天数。唐代的假期大致可以分为九类:岁时节日假、事故假、定省假、冠假、婚假、疾病假、丧假、临时请假、装束假等。下面来具体介绍。

1. 岁时节日假

大年初一、冬至日都要放假七天,节前三天,节后三天。寒食节(也就是清明节)放假四天。

八月十五日、夏至日、腊八,各放三天假,节前一天,节后一天。

正月七日、正月十五日、每月的最后一天、春社日(立春之后的第五个戊日)、秋社日(立秋后第五个戊日)、二月八日、三月三日、四月八日、五月五日、三伏、七月七日、七月十五日、九月九日、十月一日、立春、春分、立秋、秋分、立夏、冬至以及每旬(一旬约为十天)都要休假一天。王勃《滕王阁序》就有"十旬休假,胜友如云;千里逢迎,高朋满座"一句。唐高宗上元二年(675),为庆祝滕王阁新修成,阎公于九月九日大会宾客就是利用了旬休这天。

2. 事故假

唐代所有的官员,在五月会给田假,九月给授衣假,官员分两批休假,各给十五天。农历五月农事繁忙,所以给田假。九月以后天气开始转冷,给授衣假让回家做衣服。

九品以上的官员,如果家庙中有先祖升庙的重大祭祀活动,给假五天,并且旅途中花费的时间不算在假内,当然这也是有规定的,不能随便去游玩而浪费时间、逃避工作。如果官员是家庙中主持祭祀的人,每年四时祭祀的时候会给假五天。如果离任所三百里以外,途中花费的天数也以假期计算。

3. 定省假

所有的官员,如果父母离自己的任所三百里以外,每三年给假三十天专门用来看望父母。如果祖坟离得远,清明节没有办法上坟祭奠，每隔五年就会给十五天的假，专门去祭奠，而且来回花费在路途上的时间不算在内。

4. 冠假

冠礼在中国古代是非常重要的一种礼仪。男青年到了二十岁时要举行冠礼，意味着已经性成熟，可以娶妻生子，从此成为家族里的一位成年人，要开始担负起振兴家族的使命。在唐代，如果是自己的冠礼会给专门的行冠礼假三天。如果是五服之内的亲属行冠礼，就给假一天。但是花费在路途上的时间不给，也算在一天之内。也就是说，如果离得太远就不能去了。

5. 婚假

如果是官员自己结婚，会给假九天，而且花费在路途上的时间不算在内。至亲婚嫁，给假五天；大功亲，给假三天；小功以下亲，给假一天。花费在路途上的时间都算在内。但是如果自己是至亲以下婚嫁对象的主婚人，一百里之内就给花费在路途上的时间。

6. 疾病假

如果是自己的父母、祖父母、子女等病危，或是自己即将远行会数年之内不能相见,或有非常重要的事情和必须参加的活动,都会根据实际需要给假。

7. 丧假

丧假也是根据五服远近来给假。斩衰,需要卸任丁忧三年。齐衰服丧一年的,给假三十天,葬礼还给假五天,除服礼再给假两天。越远的亲属给假越少。如果自己的授业恩师去世,也会给假三天。私家忌日会给假一天。

8. 临时请假

如果遇到有事必须临时请假,唐代也是允许的,但是有一定的条件,比如京官职事官三品以上,临时有事请假,给三天假,五品以上是十天假。这是因为前者一般都是宰相级别,是国家日常公务的主要处理者,不能离任太久。外官五品以上如果是请假离开自己所辖境内的,都需要通过吏部向皇帝申请。不离开辖境的,由长官负责批准。五品以下的官员没有详细的规定,不知道是不能请假,还是没有那么烦琐的手续要办,具体日数也未见记载。

9. 装束假

唐代官员去外地(指长安以外)赴任,路途遥远的就需要好好准备，料理好家中的事情，准备些衣服和其他所需用品。唐代会给到外地赴任的官员"装束假"，也就是整理行装的假。根据赴任路途的远近，给假的时间也不同。如果离授官处一千里内给假四十天，两千里内给假五十天，三千里内给假六十天，四千里内给假七十天，超过四千里给假八十天，而且花费在路途上的时间不算在假内。唐代《公式令》规定：马一天走七十里，步行和骑驴一天走五十里，坐车一天走三十里。这是指在办理公务时的行进速度。就以此来计算，如果从长安出发到广东赴任，马不停蹄也要走两个月，步行或骑驴要走将近三个月，坐车就要走四个半月。当然这是理想状态，如果下雨路滑，可能要耽误很久。唐后期就规定，新授三千里之外的官员，从诏命下达那天算起，不管装束假，要在十二个月之内上任，否则就会给予处分。所以，在唐代如果官员从长安出发到福建或广东上任，最少要花费一年的时间。

（二）旅游

唐朝的人爱好旅游，这与唐代国家统一、疆域辽阔、交通便利、经济繁荣、社会开放等因素是分不开的。国家统一提供了稳定的旅游环境，交通便利为游客往来提供了方便，经济繁荣为旅游提供了经济基础，社会开放则使得游人不会在异乡受到欺凌与排斥。

唐代的科举制度为读书人提供了旅游的可能。为什么这么说呢？唐代的举子们都要云集长安参加科举考试，因此京师以外的读书人不得不背井离乡远赴长安。我们想想，这是怎样的一群人？首先他们是饱读诗书的有才学、有文化的人。反观农民，他们会被束缚在土地之上，生活在有限的空间范围之内。这帮读书人，他们知道名山大川在何处，于是在赶考途中往往会顺便周游这些风景美丽的地方。于是，我们今天就能欣赏到他们笔下赞美大好山河的诗赋。通过开阔眼界，也有助于他们增加阅历和生活积累。

纵观李白的一生，24岁之前在蜀中苦读，24岁以后开始出川远游。24岁乘舟东下至重庆，25岁从巴东经三峡到达湖北荆州，之后来到鄂州江夏（今湖北省武汉市），游览了黄鹤楼、赤壁等名胜，之后又游洞庭湖，同年秋抵达浔阳（今江西省九江市）游览了庐山，写下了著名的《望庐山瀑布二首》，后经天门山抵达金陵（今江苏省南京市）。26岁又到扬州、苏州、镇江、杭州，登了天台山。同年冬天又经汝州（今河南省临汝县）到南阳。之后南下襄州（今湖北省襄阳市）拜访了孟浩然。27岁抵达安陆（今湖北省安陆县），此年被唐高宗时的宰相许圉师的儿子许梓芝招为女婿。28岁离安陆出游又到江夏。30岁到长安，并出游关中各地。31岁到洛阳，游览龙门。35岁游赴太原，其间到晋祠旅游。之后北游雁门关，登长城。36岁移家任城（今山东省济宁市）。李白每到一处都能写出脍炙人口的优秀诗篇，这与他年轻时周游饱览锦绣山河是分不开的。艺术灵感往往来源于生活，有着丰富多彩的生活的李白才能汲取到创作营养。

李白为什么要四处旅游呢？可能是他由于特殊的原因不能参加科举（有一种说法说他是罪人之后，出身不好），所以为了谋求官职就离开家乡去干谒权贵、广交朋友，尤其是拿出自己优秀的诗作来获得对方的赏识。杜甫也是这样，屡试不第，就四处干谒。

此外，就是做官之后，也不一定就固定在长安，而经常会四处为官,其间也会旅游。比如白居易被贬为江州司马时郁郁寡欢,就写下了千古名篇《琵琶行》,在苏州和杭州任刺史时也写下了很多赞美江南景色和西湖景色的名篇,比如《钱塘湖春行》:"孤山寺北贾亭西,水面初平云脚低。几处早莺争暖树,谁家新燕啄春泥。乱花渐欲迷人眼,浅草才能没马蹄。最爱湖东行不足,绿杨阴里白沙堤。"如果没有旅游经历,就没有灵感来源。

由唐代官员的休假制度可知他们的假期有很多,一般都会选择这个时候出门旅游。而且唐王朝也鼓励百官旅游,同时还给一定的经济补贴。唐玄宗开元十八年(730)二月,皇帝规定百官要在春季旬休(每十天休一天)的时候,选择风景秀美的形胜之地游乐。自宰相到员外郎,开十二桌大宴席,每桌赐钱五千缗,也就是五百万文铜钱。天宝八载(749),玄宗赐给京官一定数量的绢,让他们春游。唐德宗贞元四年(788),皇帝下诏:"现在天下稳定,经济小康,在每年正月的最后一天、三月三日、九月九日这三个节日,应该任由文武百官选择风景优美的地方去旅游享乐。每个节日宰相和常参官(每天朝见皇帝的高级官员）共赐钱五百贯，翰林学士赐钱一百贯，左右神威军、神策军等军每厢（分为左、右厢）赐钱五百贯，金吾、英武、威远诸卫将军共赐钱两百贯。度支使（负责财政收支）在每个节的前五天分发出去。这要成为每年的定制。"所以，从这个时候开始，唐代的京官拿着补贴旅游成为一种定制。

唐代的长安城人口达到100万左右，而且京官可以拿到旅游补贴，因此长安的旅游是最发达的。每年正月十五之后的初春时节，京师中的男女，或是乘车，或是骑马，或在园林中搭帐篷，或在郊外野炊，唐人称之为"探春宴"。游春确实是唐人享受生活的方式之一，遇到名花就铺下席子坐着观赏，然后就在此处设宴饮酒。即使下雨了也不怕，唐代人会带涂油防水的幕帐，他们不会败兴而归，必须要尽兴而返。由于游人太多，致使园林树木之间都没有空闲的地方。

唐人在长安最喜欢游览的地方有五处。

第一处是乐游原。乐游原位于唐长安城的东南方向，是全城的最高点。每年正月的最后一天、三月初三、九月九日,长安的士女都会到此处游玩。登高北眺渭河,南望幽幽终南山,全城景色尽收眼底。杜甫就写有《乐游园歌》:"乐游古园崒森爽,烟绵碧草萋萋长。公子华筵势最高,秦川对酒平如掌。"最有名的还是李商隐的《乐游原》:"向晚意不适,驱车登古原。夕阳无限好,只是近黄昏。"

第二个地方是曲江池,位于长安的东南角。这里有长安城面积最大的湖,水引自终南山。唐玄宗曾经在这里修建紫云楼、亭榭等建筑。新科进士要在曲江享用皇家曲江宴,之后会泛舟曲江,夜起笙歌,觥筹交错,吟诗赞景。现在西安已经将此地开发成大唐芙蓉园旅游景区,再现盛唐景象。

第三、第四处分别是慈恩寺和杏园,都在曲江池的西边。宝刹晨钟暮鼓、茂林修竹、香烟缭绕,形成了超凡的景色。慈恩寺还会有很多引人入胜的戏剧演出,吸引王公贵族和普通百姓前来观赏。杏园最美在于春天杏花开放之时,繁花似雪,香满长安,引得游人如织,车水马龙。新科进士在杏园享用的初宴叫作"探花宴",宴会上会选择进士中年轻帅气的二人做"探花使"遍游全园，找到开得最好的花，如果被他人先折花，这两人就要受罚。唐代的探花只是戏称，到了北宋才成为殿试进士第三名的称呼。

第五处是终南山。终南山横亘于长安之南。山中林木参天，山色苍翠欲滴，峪口众多，而且每个山峪之中都有潺潺溪水。现在依然是西安人消夏避暑的首选之地。唐代的很多名士显宦都在终南山中修建有亭台楼阁，作为自己的游乐场所。如岑参、王维、韩愈、元稹、牛僧孺等都在终南山中建有别墅。

后 记

我一个人在学校教职工餐厅吃饭的时候,由于座位紧张,常常会和一些素不相识的大学同事坐同一张餐桌,很多时候会因此机缘而闲聊一会儿。当他们知道我的专业以及研究方向时,都会惊叹道:"唐朝好,唐朝好,唐朝是中国古代历史上非常鼎盛的时期。当时咱们的唐朝就是现在的美国。"唐朝在我们国人心中的地位可见一斑。

还记得在陕师大读唐史研究生时,同学之间会私下议论说:"唐史的老师似乎会受到唐朝时代性的影响,为人都比较大气、豪爽。"当时我并不是十分明白,之后随着学习的深入,我才体会到唐朝文化的最大特点是开放性。

之所以如此，是因为唐人对于自己的文化、制度、经济等充满了谜一样的自信。唐人不怕被模仿，更不怕被超越。

其实学习唐史多了，自己有时候也会在脑海中穿越回大唐，阅读文字时一幅幅历史场景会跃然于纸上。通过阅读本书，希望您也能实现脑海中的穿越。本书的前四章是依据衣、食、住、行来撰写的。如果您是一位爱美的女子，从这里您可以学习到大唐女子锦绣华丽的衣冠服饰；如果您是一位标准的吃货，从这里您可以知晓唐代有哪些美食；如果您正在抱怨现代城市的拥堵以及鸟笼型房屋，从这里您一定会羡慕唐人恢宏而且与自然交融的居住环境；如果您是一位探险家或驴友，从这里您可以知道唐代的前辈们如何走过纵横阡陌、名山大川。

当了解完这些，并不意味着唐朝穿越之旅的结束。之后您还能体会到多姿多彩的唐代节日娱乐。当我们抱怨现在过年越来越没年味，传统节日中的传统风俗逐渐离我们远去时，不妨去看看唐人是如何过他们的节日的，节日宴会又是如何举行的。通过阅读这些，希望能为正在因现代生活枯燥无趣而寻找传统气息的您提供一些帮助。婚丧嫁娶自古以来就是中国人的人生大事，本书还介绍了唐代此四类大事的详细经过。现在精明的婚庆公司醉心于复古的婚礼，这也逐渐成为一种流行趋势。现代的年轻人越来越追求自己婚礼的与众不同。本书就详细介绍了大唐的婚礼细节，期待能为对此感兴趣的您提供一些帮助。

最后要特别感谢我的导师杜文玉教授，是他将我带进唐史的学术殿堂，也是他为我提供了这次进一步深入了解唐代社会的机会。作为学生的我，不但要铭记师恩，而且要努力钻研，拿出更多的成果来报答他。此外，还要感谢我的先生霍斌博士，在我撰写过程中给予的诸多帮助。

付 婷

2016 年 10 月 13 日